拉姆·查兰
管理经典

珍藏版

拉里·博西迪
（Larry Bossidy）

［美］ **拉姆·查兰** 著
（Ram Charan）

查尔斯·伯克
（Charles Burck）

刘祥亚◎等译　**徐中**◎审校

执行

如何完成任务的学问

Execution

The Discipline of Getting Things Done
（Revised Edition）

机械工业出版社
China Machine Press

图书在版编目（CIP）数据

执行：如何完成任务的学问（珍藏版）/（美）拉里·博西迪（Larry Bossidy），（美）拉姆·查兰（Ram Charan），（美）查尔斯·伯克（Charles Burck）著；刘祥亚等译. —北京：机械工业出版社，2016.8（2025.5 重印）

（拉姆·查兰管理经典）

书名原文：Execution：The Discipline of Getting Things Done

ISBN 978-7-111-54495-1

Ⅰ. 执… Ⅱ.①拉… ②拉… ③查… ④刘… Ⅲ. 企业领导学 Ⅳ. F272.91

中国版本图书馆 CIP 数据核字（2016）第 182516 号

北京市版权局著作权合同登记 图字：01-2011-3026 号。

执行：如何完成任务的学问（珍藏版）

出版发行：机械工业出版社（北京市西城区百万庄大街 22 号　邮政编码：100037）

责任编辑：程　琨　　白春玲

责任校对：殷　虹

印　　刷：涿州市京南印刷厂

版　　次：2025 年 5 月第 1 版第 27 次印刷

开　　本：147mm×210mm　1/32

印　　张：9.125

书　　号：ISBN 978-7-111-54495-1

定　　价：59.00 元

客服电话：（010）88361066　68326294

CONTENTS
目 录

DEFINITION
执行的定义

◎ 执行是目标与结果之间的桥梁。

◎ 公司没有实现预定目标的主要原因。

◎ 公司领导层希望达到的目标和组织实现该目标实际能力之间的差距。

◎ 不是简单的战术，而是一套通过提出问题、分析问题、采取行动的方式来实现目标的系统流程；一门将战略与实际、人员与流程相结合，以实现预定目标的学问。

◎ 公司战略、发展目标和领导者职能的核心部分。

◎ 一门要求对企业现状、行业环境及员工心理有着综合理解的学问。

◎ 将商业的三个主要流程（人员、战略和运营计划）结合起来的一种途径。

◎ 作者在《执行》一书中所总结的成功法则。

献给那些影响到我们的工作，

并帮助我们形成书中这些思想的人。

尤其要感谢杰克·韦尔奇，

他是我们这个时代最杰出的执行者。

过去 20 多年，中国经济经历了翻天覆地的变化。以市场为导向的改革在最近 20 多年的时间里使中国经济实现了近两位数的增长，并使这个国家城市和农村地区的经济得到迅猛的发展。这是一个了不起的成就，尤其需要注意的是，这一成就的取得是在很短的时间内完成的，中国有理由为此而自豪。

但前方的挑战依然非常严峻。维持如此之高的经济增长率本身就需要人们对执行层面给予更多的关注。

在企业界的多年经历使我们得以目睹终端市场和商业模式的许多重大变革。在今天的商业环境中，要想取得成功，企业必须拥有一种全新的领导理念。新型领导者们必须学会创造、激发和维系一个整合型的商业企业。在这个过程中，被综合而非各自独立地加以考虑的人员、战略和商业运营所带来的结果就不再只是简单的环节相加。

这也正是执行的关键意义所在。

执行是任何企业（无论是在纽约还是在北京）当前面临的最大问题。执行不只是那些能够完成或者不能够完成的东西，还是一整套非常具体的行为和技术，能帮助公司在任何情况下建立和维系自身的竞争优势。执行本身就是一门学问，因为人们永远不可能通过思考养成一种新的实践习惯，只能通过实践来学会一种新的思考方式。

根据我们的观察，那些业绩优异公司的领导者们一般都具有以下六个特点：

1. 他们对自己的业务有着足够的了解，所以他们能够在一些重大决策过程中贡献自己的力量。

2. 他们能够为企业的发展确立明确而清晰的目标。复杂会导致误解，简洁则会排除迷惑。

3. 他们会经常给自己的下属提供指导和培训。在这些人看来，判断自己领导能力的标准是自己所聘请的人的质量，所以他们会在确定提升对象之前对其进行充分了解。

4. 他们会通过在报酬和升职机会方面对表现不同的员工加以区别对待的方式来建立一个强大的领导基因库。此外，他们确信，如果自己能够对那些具有执行精神的人给予充分的回报，如果能够提拔那些注重执行的人，自己的公司就会逐渐建立起一种执行文化。

5. 他们了解并勇于接受现实。他们不会带领自己的公司向毫无胜算的方向（根据自己公司的经验和文化来判断）发展。

6. 他们有着坚强的性格。这种人不会因为小小的胜利而沾沾自喜，他们永远秉承着一种信念——止步不前者必将被淘汰。

领导企业建立一种执行文化并不是一门非常精深的科学，它其实非常直接。主要的前提条件就是你作为一名领导者，必须深入、充满激情地参与到自己的企业中去，并对企业中的所有人坦诚以待。无论你是经营一家全球性的公司还是一家小企业，执行者都必须对自己的企业、人员和运营环境有着综合全面的了解。领导者们可以通过个人参与的方式来推动自己的企业建立一种执行文化。

没有掌握执行学问的领导层是不完整的、没有效力的。如果不知道如何执行，作为一名领导者，你所取得的全部成就也不过是整个企业各个部门业绩的集合。对于一个企业来说，建立执行文化本身就是一个巨大的改进机遇，错过这一机遇将是对公司能量、人员和资源的一种巨大浪费。

《执行》中文版的推出标志着本书自发行以来第 12 种外文版本的问世。仅在美国，本书的销量就高达 30 万册之巨，它受到了广泛的赞誉，并被列入《纽约时报》《华尔街日报》和《商业周刊》的畅销书排行榜。我们希望本书能够为中国当前充满活力的经济发展贡献出一分力量，并帮助这个国家的企业界人士取得更大的成功。

祝你们好运！

拉里·博西迪

拉姆·查兰

拉里·博西迪

拉里·博西迪（Larry Bossidy）是霍尼韦尔国际总裁和 CEO。霍尼韦尔是一家资产达 250 亿美元的多种技术提供商及制造业的领袖型企业。博西迪曾经在 1991 ~ 1999 年担任联信公司总裁兼 CEO，1999年 12 月该公司与霍尼韦尔国际合并后，他当选为霍尼韦尔公司总裁。2000 年 4 月，他因退休而离开公司；2001 年他再次接受聘请，重新担任公司 CEO 兼总裁。

博西迪因把联信公司改造为全球最受尊敬的公司之一而享有崇高的声誉。在担任联信公司总裁期间，他带领公司连续多年在现金流和收益方面实现较高增长，并取得了连续 31 个季度每股收益率超过 13% 的辉煌业绩。

博西迪于 1957 年作为一名实习生进入通用电气公司，在为联信公司工作之前，他在通用电气公司从事过管理和财务工作。他曾先后担任通用电气信贷公司（也就是现在的通用电气资本公司）的首席运营官（1979 ~ 1981 年）、通用电气服务和原料部门执行副总裁及总裁（1981～1984 年），以及通用电气公司副总裁和首席执行官（1984～1991 年 7 月）等职位。

拉姆·查兰

拉姆·查兰（Ram Charan）是一位资深顾问，他曾为包括从新兴公司到《财富》500 强在内的许多公司的 CEO 和高级主管提供过咨询服务，这些公司包括通用电气、福特汽车、杜邦公司、EDS、环球电影工作室和 Verizon。他的著作包括《CEO 说》[⊖]、《有效的董事会》、《高管路径》[⊜]《所有行业都是增长型行业》(合著)、《领导梯队》[⊜]（合著）等。查兰博士曾经在《哈佛商业评论》和《财富》杂志上发表过多篇文章，并获得哈佛商学院 MBA 和 DBA 学位，目前任教于哈佛商学院和西北大学凯洛格商学院。

⊖⊜⊜ 此书中文版已由机械工业出版社出版。

柳传志

联想集团前董事局主席

就我个人对企业经营的理解，决定一个企业成功的要素有很多。其中，战略、人员与运营流程是核心的三个决定性要素。正像本书的作者所指出的，如何将这三个要素有效地结合起来，是很多企业经营者面临的最大困难。而只有将战略、人员与运营有效地结合，才能决定企业最终的成功，结合的关键则在执行。

与传统的认识不同，有效的执行是需要领导者亲力亲为的系统工程，而不是对企业具体运行的细枝末节的关心。在领导者的亲自倡导下，执行文化应该成为企业的基因，贯穿于企业发展的方方面面。仍然拿企业运行最为关键的三个要素来说，战略、人员与运营每一个环节都需要以"执行"的精神来指导落实。

就企业战略而言，任何一个优秀的战略都不是一蹴而就的凭空臆断，都需要企业领导者以执行的踏实心态，对企业所处的宏观经济环境与行业发展特点进行透彻的分析与研究，在这个基础上结合企业自身的资源来确定切实可行的战略规划。在该过程中，核心是解决好"木桶效应"和"指头理论"的问题。具体来说，企业就像一个木桶，由各个业务板块构成，决定这个木桶盛水量大小的是最短的那块木板。如果企业想从平凡走向成功，领导者必须能够发现和补齐使企业"漏水"的最短的那块木板。在这个基础上，企业决策者还要积极发现和发挥"最长的指头"的优势，也就是发挥自己所有业务资源中比较优势最大的一项，来打造自己的核心竞争力。

对于人员的问题，领导者除了要以是否具备执行能力为标准，积极选拔合适的人员到恰当的岗位以外，还要锻炼员工队伍的执行能力，其中最关键的是要解决三个问题。首先，企业的领导者要让战士爱打仗，要用各种方法调动人员的积极性；其次，要让战士会打仗，要通过持续的练兵提升人员的综合素质和专业化素质；最后，企业决策者还要训练队伍作战的有序性。只有训练有素的队伍在投入战斗时才能不乱阵脚，进退有序，成为战无不胜的铁军。

领导者的执行能力要通过运营流程，通过具体的运营设计来体现，这也是最困难和最讲究艺术性的一部分。就像一支部队要到河的对岸去，过河的目标已经很清楚，关键在于过河的方式与过程，也就是要解决好是造船过河还是搭桥过河的问题。在这个过程中，一个重要的指导性原则就是要"拐大弯"，即对于企业运营中重大问题的解决要打足提前量，及早进行设计，不能等事到临头再踩刹车、拐急弯。只有"拐大弯"，问题的解决才会稳定而平滑，遇到的阻力才会比较小，企业的震荡与损失也才能降低到最低限度。除此以外，在具体运营问题的处理过程中，要学会"拧螺丝"。就像用四颗螺丝钉来固定一个平面一样，不能先拧紧一个螺丝钉再去拧其他三个，要循序渐进，每一个螺钉拧几圈，轮番来固定，在不断平衡的过程中，最终将螺钉全部拧紧。这样的处理方式才能及时发现与规避企业发展过程中可能出现的问题，才能及时调整企业战略中不恰当的部分来实现最终的成功。

此外，需要特别说明的是，本书的作者都有企业运营经验，对于企业的实际运行情况有着非常成熟的认识，这一点尤为重要，这就使得他们对执行的理解与分析有实践基础的支撑，从而具有可操作性。

宋振宁

霍尼韦尔（中国）投资有限公司原董事长

当拉里·博西迪离开通用电气到霍尼韦尔公司担任公司 CEO 兼总裁的时候，我还是亚利桑那州凤凰城霍尼韦尔飞机发动机部门的一名研究工程师。我至今依然清楚地记得他给公司带来的那些深远的变革，以及在变革初期整个公司内部所蔓延的针对这些变革的种种怀疑和抵制情绪。

众所周知，自 20 世纪 90 年代中期以来，霍尼韦尔在拉里·博西迪的领导下，凭借其令人惊异的生产力改进业绩一跃成为一家高绩效公司。在《执行》这本书中，拉里·博西迪详细地描述了自己创造这一奇迹的经历和秘诀。

《执行》讨论的是一个虽然重要却经常被人们忽视的问题，所以无论是在美国还是在世界其他地方，本书都取得了巨大的成功。我深信，《执行》无疑会在中国取得更大的成功，因为它为中国的许多商业领导者和企业管理者所面临的最重要的问题（无论他们是否意识到了这一点）提供了答案。

我们知道，中国的国有企业正经历着剧烈的变革。无论是成功还失败，这场变革都必将对整个中国经济产生深远的影响。我所认识的一些国有企业的领导者经常抱怨：国企改革之所以困难重重，其主要原因在于体制问题。对于有些案例来说，这种说法或许能够成立，但很少有人意识到，执行能力的缺乏也是许许多多改革计划失败的重要原因。

与此同时，中国还有许多蒸蒸日上的国有企业，它们随着整个中国蓬勃发展的经济形势一同阔步向前。毋庸讳言，在这些企业当中，有一些是由于政府管制或市场保护（从而使来自外国的竞争对手难以进入）而成为市场的准垄断者。但是随着中国加入 WTO，这些保护性政策已逐渐取消，中国经济日益融入世界市场，而中国企业也会在一个更加开放的市场上与来自世界各地的对手展开竞争。

毫无疑问，中国的许多公司，无论是国有企业还是私营公司，都希望成为世界级的公司。根据很多人的预测，在今后一二十年，中国经济将成为世界第二大经济体。可以预测，在不远的未来，中国也必将诞生出许多类似于通用、微软和丰田那样的世界闻名的企业。但这一切都不会自然而然地发生，要想成为真正的世界级企业，中国企业必须极大地提高自身的竞争力。

当前中国的许多企业存在的一个普遍问题是：在成本上非常具有竞争力，但从技术、质量、营销和分销水平的角度来说，还有一定的差距。只是在最近的 20 多年时间里，中国企业才开始实践现代企业管理的许多理念，要学习的地方还有很多。在不断学习的过程中，如何建立一种注重执行的企业文化无疑是最需要解决的问题之一。

我认为《执行》一书在中国取得巨大的成功，其原因就在于：它第一次为中国读者就执行这一问题提供了极富实践意义的答案。

徐中

领越 ® 领导力高级认证导师
北京创一教育科技有限公司总裁

《执行》中文版自 2003 年上市以来，一直是最畅销的商业书籍之一。记得 2012 年去全球知名的 CCL（创新领导力中心）拜会 CEO 约翰·瑞恩，一位高管说约翰最推崇的书籍是《执行》。

2012 年，有幸在上海中欧国际工商管理学院聆听拉姆·查兰博士讲授《执行》。2014 年，我们邀请拉姆·查兰博士来中国举办"变革时代的转型之道"工作坊，对拉姆·查兰和 GE 的管理理念与知识体系又有了更加深入及全面的了解。

执行不是一个事件，而是一个系统。执行不是一个人的行为，而是一个组织的系统性流程。执行不是占领一个山头，而是不断地跨越千山万水。

企业执行在全球范围内引起广泛关注，源自拉姆·查兰 1999 年 6 月在《财富》杂志发表的著名文章《CEO 为什么失败？》，拉姆·查兰根据对数十位被解职大公司 CEO 的分析研究，结果表明：**战略的缺陷并不是决定性的，没有忠实地执行战略才是 CEO 下台的关键因素！其中，最大的因素是用人失败（没有把合适的人放在合适的岗位上），没有**

及时处理好人的问题，特别是没有处理好一些关键岗位的下属带来的糟糕业绩。

2000年，《财富》500强的前200位公司就有40家的CEO被迫离开——不是退休，而是被解雇或者被迫辞职。当美国最强有力的商业领袖中有20%出现这种情况的时候，那一定是出了什么问题。这个问题，仍然是战略的执行问题。

对于仅有20多年市场经济历程的中国企业，"执行"是一个基本功，也是一个"大坎"。改革开放30多年，产生了以华为、阿里巴巴等为代表的一大批优秀企业，也孕育出了一代又一代的新兴创业企业，但大多数企业是在比较顺利的供不应求的"市场驱动"背景下抓住机会成长起来的，尚未真正建立起科学规范、流程驱动的执行体系，经理人员的职业化程度不高，企业的运营效率较低。这是阻碍中国企业迈向科学管理、高效运营的拦路虎。

《执行》是通用电气原高级副总裁、霍尼韦尔董事长拉里·博西迪和管理大师拉姆·查兰联袂撰写的名著，是理论与实践的完美结合。

企业是一个战略执行的系统，执行包括三个层次：企业层次、部门层次和个人层次，本书重点讨论的是企业层次，也就是企业的执行系统建设。部门层次的执行是指高绩效团队，个人层次的执行则是指高效能员工。

本书通过对GE等大量著名企业战略执行的成功与失败的研究，提出了企业执行体系建设的系统架构，具有科学性、系统性和实用性的特点，其要点包括：

- "执行"之所以关键,在于"执行是目标与结果之间的桥梁",是战略实施中不可或缺的一环,是各级领导者的主要工作,是企业文化的灵魂。
- 执行的三大基石是领导者的七项基本行为、企业的文化变革框架和知人善任。
- 执行的三大流程是人员选育流程、战略制定流程和运营实施流程。

不久前,我参加"华营管理研讨班",深刻感受到华为28年的发展历程,就是一个以明确而坚定的使命、愿景和价值观牵引的卓越企业,不断聚合资源、打造流程驱动的强大的组织执行力,把17万个秀才变成17万个战士的过程。在发展过程中,华为以军队和IBM为师,中西融通、自成一家,成为中国最具竞争力的国际化企业之一。如果中国企业能够找到恰当的标杆,树立明确的目标,付出持之以恒的努力,就能够实现管理的规范化和经理人员的职业化,提升企业的战略执行力。

未来属于先知先觉的行动者。海尔集团董事局主席张瑞敏先生曾说,20多年前,德鲁克先生的名著《卓有成效的管理者》影响了他的管理思想和海尔的发展,那么,我们有理由认为,《执行》也一定会影响千百万位优秀的企业家和经理人。

执行,不是一个改善的冲刺,而是企业永恒的完善!

INTRODUCTION
导 言

拉里[⊖]：我目前在霍尼韦尔的工作就是要在这个组织中重新建立起一种它已经失去了的执行文化。许多人认为执行是一种过于细节性的工作，企业领导者一般是不屑为之的。而我要在这里明确指出，这种观点是错误的。事实恰恰相反，执行应当是一名领导者最重要的工作。

事情开始于 1991 年，当时，在通用电气工作了 34 年之后，我被任命为联信公司的 CEO。由于已经熟悉了通用电气这样一个言出必践的环境，所以我理所当然地认为每个人都能够将自己的计划转化为实际的行动，但事实证明我想错了。到达联信公司后，我发现人们的计划和他们的行动之间实际上存在很大的差距，这让我大吃一惊。公司里有很多聪明、勤奋的员工，但他们的工作效率却非常低下，而且他们并不看重实际的执行工作。

表面上看来，联信公司拥有和通用电气以及其他大多数公司相同

⊖ 在本书里，作者拉里·博西迪和拉姆·查兰采用了第一人称的叙述方式。拉里主要是从一位曾经担任过通用电气、联信公司和霍尼韦尔国际的高级主管的角度展开叙述，而拉姆则是作为一名有着 35 年咨询经验的资深咨询人士来表述自己的观点。

的基本核心流程：人员选育流程、战略制定流程以及预算或运营实施流程。但和通用电气不同的是，联信公司的这些流程大都没能产生实际的效果。而在理想的情况下，如果能够对这些流程进行深入的管理，你就将得到预期的产出，否则，你就应该问一问自己：我们的产品定位是否准确？我们是否采取了适当的措施来将计划转变为具体的结果？我们是否选择了适当的人员来执行这些计划？如果答案为"否"，我们应该怎样解决这个问题？我们应当如何确保自己的运营计划能够带来切实的效果？

在联信公司，我们甚至没有提出这些问题。所有流程都只是一些空洞的形式，几乎没有任何实际意义。整个公司在形式上下了很多功夫，但这些形式却大都没有产生什么实际效果。比如，制订企业部门战略计划的工作人员准备了足足六英寸⊖厚的材料，但这些材料却几乎没有包含任何与战略有关的信息。运营计划实际上成了一种数字练习，人们很少关注促进企业发展、提高生产力、扩展市场份额、提高产品质量等具体的问题。很多人数年都没有调换过工作岗位，许多工厂实际上是由会计而非生产人员在管理。

在这种情况下，联信公司根本不可能形成任何生产力文化。它只是从工厂这一层次衡量人均小时工作成本，却没有从整个公司的角度考虑过真正的生产力增长。它是一家缺乏学习或教育的公司。每个业务部门都拥有自己的独立身份，这些部门甚至都不是在以联信公司的名义运营。有人告诉我："我们有一个化学工厂文化、一个汽车企业文化以及一个航空制造业企业文化，而且这些文化彼此交恶。"我的回答是："投资者们

⊖　1 英寸 = 0.0254 米。

只会认得联信公司，所以我们需要一个统一的品牌。"

更为严重的是，企业的人员、战略和运营三个核心流程在日常运营中也是各自为政。而在我看来，管理一家企业实际上就是要协调这三个流程，所以领导者必须积极地参与到各个流程的活动中去。但前任 CEO 显然没有做到这一点，他把自己工作的全部内容定义为买进和卖出。

上任以后，我立即组织了一个新团队，并带领这个团队全身心地投入到公司的日常运营中。结果，到我退休的时候（1999 年与霍尼韦尔合并之后），联信公司的营业毛利增长了两倍，几乎达到 15%，股本也从 10% 上升到 28%，股东实际得到的回报几乎是以前的 9 倍。秘诀是什么？执行。

在公司确立一种执行文化是一个非常艰难的过程，但要失去它却易如反掌。在不到两年的时间里，联信公司的情况再次发生了彻底的变化——只不过这次是朝着另一个方向。公司没能达到股东们预期的要求，股票价格开始下跌。与通用电气合并之后，霍尼韦尔董事会要求我再次出山。

毫无疑问，合并所带来的不确定性是股票价格下跌的一个重要原因：由于合并，许多优秀的员工都纷纷离去或正准备离开，然而执行文化的流失无疑也是一个非常重要的因素。人们落实计划的热情开始下降，霍尼韦尔的许多计划都没有取得实际的效果。

比如，在我离开之前，霍尼韦尔公司曾经开发了一种涡轮式发电机，大家对该产品充满信心，相信它必将能够在备用动力市场上一鸣惊人——对于像 7-11 超市这样的小型企业来说，这种产品实在是再合适不过了。可当再次回到公司的时候，我却发现整个产品的生产完全脱离了当初的设计方案，按照新方案生产出来的产品根本不能满足市场需要，它只能依靠天然气运转，而按照我们的设计方案，它应该还可以用石油做动力。人们希望我能提出某种方法来挽救这个产品——毕竟，我曾经大力提倡过它。但经过深入了解之后，我发现情况已经到了无可挽回的地步，所以唯一的选择就是立即停止这个项目。

对于一家注重实际执行的企业来说，它完全可以避免这种情况。如果霍尼韦尔成熟地建立了一种执行文化的话，它很可能会从一开始就以一种正确的方式生产涡轮式发电机，或者它可以在发现问题之初就给予及时的解决。

"9·11"事件后，我们被迫修改2001年度的航空运营计划，但我们只用了十天时间就制定了一份新的计划书。我们尽量找出那些可能导致收入降低的因素，并想尽办法，通过降低成本的方式来抵消这些因素可能造成的损失。我们还组织了一个专门的团队来协调组织所有的安全产品，并使我们的防御营销团队重新焕发了生命力。

拉姆：事实上，很少有领导者能在十天内就为自己公司的一个主要部门拿出一份全新的计划。在更多情况下，人们只是在进行没有实际意义的讨论。这就是那些拥有执行文化的公司和没有执行文化的公司之间的区别。

虽然知道自己是在掩耳盗铃，但大多数领导者还是愿意相信自己的公司一切运转良好。他们就像加里森·凯勒（Garrison Keillor）的小说《沃伯根湖》（*Lake Wobegon*）里的父母那样，天真地以为自己的孩子资质超出一般人。可当这些沃伯根湖高中的高才生到了明尼苏达大学或科尔盖特（Colgate）抑或普林斯顿的时候，他们却发现自己不仅非常一般，甚至可能连一般水平也达不到。同样，当企业领导开始了解像通用电气和爱默生电气这样的公司如何运营时，他们就会发现自己距离世界级水平还有很大一段距离。

过去，企业领导者总是要求大家要有耐心，并以这种方式来推脱自己的责任。他们通常的借口是"现在的商业环境非常艰难"，或者是"我们所进行的是一种长期战略，它的效果需要相当长的时间才能体现出来"。但商业环境一直都是非常艰难的，而人们也不再有耐心等上几年时间来评判一个企业的发展。在很多情况下，一家企业很可能不知不觉地就赢得或失去了巨大的市场份额。比如，强生公司是一家在医用输液管方面处于领先地位的公司，该公司推出的一种用于外科手术和支持动脉阻塞的医用管道曾经一度占据很大的市场份额，但就在 1997 ~ 1998 年短短两年时间里，它就将自己创造的这个价值 7 亿美元的市场的 95% 拱手让人，因为对手开发出一种质量更高、价格更为低廉的技术。直到最近，强生公司才开始发起反击，并凭借自己性能更为优良的新技术重新占领市场。

当今时代，人们对一家企业的执行业绩已经达到以季度为计算单位的程度，而不再仅仅依靠数据分析。在分析一家公司的时候，股票分析师们注重的是它是否正在向自己的季度目标挺进。如果分析结果是否定的话，他们就会降低这只股票的级别，转瞬之间，你就可能损失数十亿美元。

大多数情况下，一家公司和它的竞争对手之间的差别就在于双方执行的能力。如果你的竞争对手在执行方面比你做得好，它就会在各个方面领先于你，道理非常简单：资本市场不欢迎任何所谓的长期战略。这给那些不善于执行的企业领导者带来了很大压力，并使他们逐渐意识到，执行已经成为今天的企业界所共同关心的一个问题。执行正成为企业成功的一个关键因素，而缺乏执行文化的企业将遭遇重重困难，并且它们很可能会把自己的挫折归咎于其他原因。

作为一名为大小公司高层领导提供咨询的顾问人员，我与客户的关系一般都可以持续到十年甚至更长时间，这就使得我有机会对企业进行较长时间的观察，并在适当的时候亲自介入其中。30多年前，当我注意到许多企业的战略计划常常不能直接反映到该企业的实际运营中时，我就已经意识到执行方面可能存在的问题。在主持CEO和部门级别会议时，我经常是一边观察一边研究，结果我发现领导者们把很大一部分精力投入到所谓的高层战略中，把关注点放在了很多智力化甚至是哲学化的问题上，却没有对具体的实施给予足够的关注。人们往往只是同意执行一项计划，随后却没有采取任何具有实质意义的行动。而根据我的本性，我总会在做出一项决策之后马上对它的执行情况进行跟踪，所以一旦出现问题，我就会马上拿起电话，直接找到负责人，并提出质问："出什么问题了？"因为我知道，执行是一个非常关键的问题。

对于现在的许多领导者来说，其眼前的一个主要问题是：他们总是认为执行属于战术层次问题，领导者们总是把很多事情分派给别人去做，因为他们认为自己应该把精力投入到"更大的"问题上面。这种想法完全错了。执行不只是一个战术问题，它是一门学问，也是一个系统，它必须充分融入一个公司的各个方面，渗透到它的战略、目标和文化等各个层面。组织的领导者必须是积极的执行者，他不应该把所有的执行工作都交给下属。许多企业领导者花了很多时间去学习和宣讲最新的管理技巧，但由于对执行缺乏真正的理解和实践，他们的这些理论和技巧很可能会毫无意义。这样的领导者所做的工作是没有任何实际基础的，犹如在没有地基的时候就开始造房子。

＊　＊　＊

对于今天的大多数企业领导者来说，他们所面临的最大问题不仅是没有学会执行，而且没有人向他们正确地解释这一点。关于企业管理的书可谓汗牛充栋，你想学习如何制定战略？前辈们已经总结出了足够多的学习资料，而且你可以花钱从咨询公司购买任何自己需要的战略性建议。领导层培养？这方面的文件也是不胜枚举。革新？同样如此。帮助领导者们落实计划的工具和技巧也并不缺乏，无数的理论家已经为如何落实计划提出了各种各样的观点：变革组织结构和激励系统、商业流程设计、提拔人员的方法、文化变革指导，等等。

我们曾经和许多没能将自己的计划转变为实际效果的领导交谈过。他们常常告诉我们自己遇到的最大问题就是责任问题——人们并没有从事自己希望从事的工作。他们只是希望自己能进行一点儿变革，但到底需要改变什么？他们自己也不知道。

在这种情况下，本书的出现就显得非常必要了。执行并非仅仅是一种完成或者没有完成的东西，它更多的是一套具体的行为和技巧，为了拥有自己的竞争优势，公司必须学会掌握这些技巧。它本身就是一门学问，无论是对大公司还是小公司，它都是成功的关键所在。

对于企业领导者来说，学会执行将帮助你选择一个更为强有力的战略，事实上，如果无法确保自己的组织有足够的能力（包括适当的资源和人力）来执行计划的话，你根本无法制订出一份行得通的计划。在一个具有执行文化的企业里，它的领导者们所制定的实际上是一幅具有指导意义的地图，而不是僵硬的路线，这就使得公司能够在遇到无法预料的情况时做出及时灵活的反应，领导者们所制定的战略也将更加具有可实践性。

执行可以为你定下一切活动的基调。它使你能够对自己所处的行业发生的一切了如指掌。它是最好的变革和过渡手段——比文化、哲学都要好。以执行为导向的公司，其变革速度通常要快于其他公司，因为它更接近实际情况。

如果你的企业必须度过一段艰难的时光，如果它必须应对变革而做出重要的调整，正像眼下大部分企业所做的那样，执行的重要性就将显得更加清晰。

执行并不是一门高深的学问，它非常直接，但前提是作为领导的你必须积极地参与到自己组织的日常运营中，并诚实客观地对待周围的一切。

无论你是一家大公司的总裁还是一个利润中心的主管，这都是非常重要的，任何一位企业领导者都需要掌握和领会执行的学问，这也正是你建立领导者威信的一条必由之路。读完本书，你或许已经理解了应当如何去执行——这将成为你的一个竞争优势。如果你能够进而把这些体会贯彻到自己的企业运营中，那么它就能够为你带来实际的收益。

* * *

本书共分三部分，第一部分包括第 1 章和第 2 章，我们将在这一部分解释执行的学问、执行的重要性，以及执行如何能将你和你的竞争对手区分开。第二部分包括第 3～5 章，我们将说明执行的过程、执行的一些基本要素，同时我们还将对一些最重要的问题展开讨论：领导者的个人特质、文化变革的社会条件以及领导者最重要的工作——选拔和评估人才。

第三部分包括第 6～9 章，这一部分将提出一些具体的指导。我们将对人员选育、战略制定和运营实施三个核心流程展开讨论。具体来说，我们将阐述是什么使这三个流程变得更有效，以及每个流程的实践如何与其他两个流程联系并整合到一起。

第 6 章讨论了人员部分，它也是三个流程中最重要的部分，如果这一部分执行得好的话，企业内部将自动形成一个人才库，而且这个人才库将具体形成很多具有可执行性的战略，并能够将这些战略转化为操作计划和执行过程中具体的责任点。

第 7 章和第 8 章讨论了战略流程部分。我们将阐述有效的战略规划如何将你从 50 000 英尺$^{\ominus}$的高空带回到现实世界：这个流程是通过一个要素一个要素的方式开发出一套具体的战略，并且可以保证每个要素的可执行性都能通过具体的测试。它还将与前面讨论的人员流程联系到一起。如果企业提出的战略和它背后的逻辑能够与市场现实、经济形势和竞争环境相吻合的话，人员流程的实施也就有了保障。也就是说，企业将实现"将适当的人员分派到适当的工作岗位"这一目标。目前许多所谓的战略存在的问题就是，它们要么过于抽象，要么只是运营计划，而非真正意义上的战略。领导层和它的能力可能并不匹配，

$\ominus$　1 英尺 = 0.305 米。

比如，一位领导可能是一位营销和财务高手，但他并不适合战略家的角色。

在第 9 章，我们将阐述这样一个道理：如果不能转化为具体行动的话，再好的战略也无法带来实际的成果。运营流程表明了如何一步步地形成一个能够最终发展为战略的运营计划。战略和运营计划都将与人员选育流程结合起来，因为只有这样才能真正检测出一个组织是否真正拥有执行一项计划所需要的能力。

第一部分

为什么需要执行

EXECUTION

第1章

执行是目标与结果之间的
桥梁

已经很晚了，CEO乔还坐在自己的办公室里，一脸疲惫。他正在努力向一位来访者解释为什么自己伟大的战略最终却归于失败，但想来想去，他始终想不出问题到底出在哪里。

"太令人沮丧了，"他说道，"一年前，我从各部门抽调人员，组成了一个团队。我们举行了两次会议，建立了工作标准，并制定了一套完整的规章制度。麦肯锡公司也来帮助我们。每个人都对这项战略表示认可，都觉得这将是一个伟大的战略，而且市场前景也不错。"

"我们的团队是这个行业中最出色的，没有人怀疑这一点。我分配了阶段性目标，并向每个人放权——给予他们足够的空间施展拳脚。每个人都知道自己的任务所在，我们的激励系统非常清晰，每个人也都了解详细的奖惩标准。工作的时候，我们充满力量，信心十足，但我始终搞不懂，我们怎么会失败呢？"

"一年过去了，我们的各项目标均没有实现，这太让我失望了。在过去的 9 个月里，我被迫四次降低了收益预期。华尔街也不相信我们了。估计董事会也已经对我失去了信心。我不知道该怎么办，而且也不清楚情况到底会糟糕到什么程度。坦白地说，我估计董事会很可能会解雇我。"

几个星期以后，董事会果然把他解雇了。

这是一个真实的故事，它清楚地体现了那个不为人知的鸿沟，而这也是当今公司所面临的最大问题。在与企业领导者谈话时，我们曾经听过许多类似的故事，媒体上此类的报道也几乎每天都有，安泰、美国电话电报公司、英国航空公司、金宝汤、康柏、吉列、惠普、柯达、朗讯科技、摩托罗拉、施乐公司，等等，这些都是一些很有希望的公司，但最终都没有取得预期的成功。

它们都是很优秀的公司，拥有颇具天分的 CEO 和聪明过人的员工；它们都有着美好的愿景规划，并且它们都聘请了最优秀的咨询人员。然而最终，它们以及其他许多公司，都没有达到预期目标。一旦它们公布这一结果，投资者们便马上疯狂地抛售股票，从而致使该公司的市场价值一泻千里，经理和员工都士气低落。过不了多久，董事会就开始被迫解雇 CEO——情况就是如此。

我们上面列出的这些公司的领导者在上任之初都被寄予了很高的希望，因为他们似乎都拥有良好的资历。但没过多久，他们大都因为没有兑现自己的承诺而失去工作。仅 2000 年一年，《财富》500 强的前 200 名公司中就有 40 家的 CEO 被迫离开——不是退休，而是被解雇或被迫辞职。当美国最强有力的商业领袖中有 20% 出现这种情况时，那一定是出了什么问题。这一趋势可能一直持续。

一旦出现这种情况，倒霉的并不只是 CEO，员工、合作伙伴、股东甚至客户也都会跟着遭殃。而导致这种情况的通常并不仅仅是 CEO 的问题，当然，他将是最直接的责任承担者。

问题到底出在哪里呢？商业环境真的非常艰难吗？当然，无论经济形势如何，商家们之间的竞争都是越来越激烈，变革的速度也比以前更快，投资者们变得越来越不能容忍，即使他们不会直接干涉董事会的任免决定。然而这些因素本身并不能解释我们的问题，因为还有很多面临同样环境的公司取得了最终的胜利，比如通用电气、沃尔玛、爱默生、西南航空和高露洁等。

当公司没有兑现自己承诺的时候，人们通常会把责任归咎于 CEO 的战略错误。但在大多数情况下，战略本身并不是原因。战略之所以失败，其原因在于它们没有得到很好的执行。很多计划都没有像预期那样得到落实，或是组织根本没有足够的能力来落实它们，或是企业的领导者对自己面临的商业形势做出了错误的估计。

康柏公司的前任 CEO 埃克哈德·法伊弗有过一个非常宏伟的战略，而且他差一点就把这个战略变为现实。他最先看到了所谓的 Wintel 体系（Windows 操作系统和英特尔技术的结合）的市场潜力，并深信它将能够为从掌上电脑到服务器网络在内的所有设备提供服务。

和 IBM 一样，法伊弗将自己的业务基础扩展到为所有企业客户提供计算机服务。为了大举进入服务市场，他先后兼并了高端服务器制造商天腾公司（Tandem）和数字设备公司（DEC）。此后，法伊弗开始以一种令人目不暇接的速度实施自己的宏伟战略：在六年时间内将康柏公司由一家高价位办公室 PC 制造商转变为世界第二大（仅次于 IBM）计算机公司。在这种战略思想的指导下，到1998 年时，康柏公司已经为成为行业主宰做好了充分的准备。

但这个战略今天看起来似乎根本就是一场白日梦，因为康柏公司根本无法将兼并到的公司进行整合。更加要命的是，无论是法伊弗还是他的继任者迈克尔·卡佩拉斯都没有采取及时的执行措施，就这样，在 PC 日趋成为一种家用商品的时候，康柏公司错失了大好的市场机会。

迈克尔·戴尔却把握住了这场变革，他的直销和根据订单生产的方式不只使他绕过了零售商，还成为其商业战略的核心。虽然康柏公司规模更大，市场范围也更为宽广，但为什么戴尔公司能在短短几年的时间里就超过它呢？原因就在于后者所秉承的执行战略，而这种战略也是戴尔公司在 2001 年一跃成为世界最大PC 制造商的一个主要原因。到 2001 年 11 月，戴尔已经定下了新的市场目标：将自己的市场份额从 20% 增加到 40%。

任何一家进行直销的公司都会享有一定的优势：它们通常能对定价进行更有效的控制，可以避开零售商，并能够拥有一支只服务于自己产品的销售队伍。但戴尔公司的成功秘诀并不在于它的直销策略，因为事实证明，许多公司，比如说网威公司，采取的也是一种直销策略，但它并不比戴尔的其他竞争对手干得更出色。戴尔公司成功的真正秘诀在于它的量身定做服务、一流的执行水平以及对成本的密切关注，这些都给予它无可匹敌的优势。

根据传统的生产制造理念，企业通常根据预期的市场需求来确定未来的产量。如果它将所有的部件生产外包，本身只进行组装的话，它就需要提前告诉元件提供商自己需要多少元件，然后再与对方商定一个价格。如果销售量低于预期的话，企业就会面临产品积压的现象；如果销售量高于预期的话，企业又会面临断货的尴尬局面。

相比之下，根据订单进行生产的方式就可以避免这种情况，因为只有当客户订单到达工厂的时候，真正的生产才会开始。戴尔的元件制造商也是采取同样的根据订单生产的策略，所以他们都是在接到订单后才把零件送到戴尔公司，然后戴尔公司马上就可以组装，几个小时后就可以将产品打包运走了。该系统使得从订单到配送的整个周期时间大大缩短——戴尔公司通常可以在一个星期或者更短的时间里把货送到客户手上，而且它还使两端（进货端和发货端）的库存量达到最小化，并使得戴尔公司的客户能够比其他公司的客户得到更为频繁的技术更新服务。

根据订单生产的方式大大提高了存货周转率，从而提高了资产周转速度，而其他大多数企业都没有意识到这种变化所带来的巨大收益。周转速度是销售额与企业投入的净资产之间的比率，后者一般指的是工厂设备、存货以及应收账款减去应付账款的差额。较高的周转速度可以在提高生产力的同时降低运营资本量，还能改善企业的现金流——对于一家企业来说，现金流无异于生命线，并最终提高了企业的边际效益、收入和市场份额。

对于 PC 制造商来说，存货周转率尤为重要，因为存货通常是其净资产最大的一部分。当销售额低于预期水平时，那些根据传统理念进行生产的公司，比如说康柏公司，都会在处理多余存货的问题上一筹莫展。而且，许多计算机元件（比如说微处理器）的更新换代速度都很快，一旦新一代元件上市，旧元件的价格马上一落千丈。当这些 PC 制造商被迫清理存货的时候，它们的边际利润很可能会降低到零。

戴尔公司的年存货周转率高达 80 次，而它的竞争对手却最多只能达到 10 次或 20 次，相比之下，戴尔公司的运营资本几乎为负。结果，该公司得以拥有巨大的现金流。在其 2002 财政年度的第四季度中，它的收入高达 81 亿美元，运营边际收益高达 7.4%，现金流量达到 10 亿美元。该公司 2001 年的投资回报率为 355%——对于一家拥有这样销售额的公司来说，这种投资回报率几乎是无法想象的。它的高周转速度还使得客户能够享受到最新的技术，并充分享受到元件成本下降的优势，因为元件成本下降通常会导致边际收益增加或价格下降。

这些正是戴尔公司在 PC 行业增长放缓的情况下仍然能够胜出的原因。戴尔能够在危机中把握机遇，以降低价格的方式来占领更大的市场份额，从而进一步扩大自己和其他竞争对手之间的差距。由于有很高的周转速度，戴尔公司能够拥有很高的资本回报率以及强大的现金流（即使是在边际收益下降的情况下）。这是它的竞争对手根本无法做到的。

这种系统之所以行得通，主要是因为戴尔公司具有一种良好的执行文化，能够将每一个环节的工作都落到实处。我们认识一位曾经在戴尔公司工作过很多年的制造部门的主管，他把该公司的系统称为"我所见过的最棒的生产运营系统"。

在本书即将付梓之际，康柏公司和惠普公司的合并仍在进行之中。但在我们看来，无论合并与否，如果不能建立一种根据订单生产的运营模式，这两家公司还是无法取得与戴尔公司相当的竞争优势。

我们前面提到的那些业绩不佳的企业具有非常典型的代表意义。实际上，还有无数的企业因为没有建立起一种执行文化而无法充分发挥自己的潜力，承诺和结果之间的差距也就非常明显了。而我们所说的不为人知的鸿沟就是企业领导者希望取得的目标和该企业实现这些目标的能力之间的差距。

当今时代，每个人都在讨论变革。近些年来，不断有一些变革主义者在鼓吹革命、彻底改造、突破性思维、大胆的目标、量化变革、学习型组织之类的理念。我们并不是要反对这些人，但如果无法将想法变为现实的话，再宏伟的理念也无济于事。如果不能够得到切实的执行，突破性的思维将只是胡思乱想，再多的学习也无法带来实际的价值。人们无法实现自己的目标，所谓革命性的变革也最终只能落得胎死腹中，你的组织最终只能向更糟糕的方向发展，因为失败会吸干组织中每个人的能量，而不断的失败则会毁掉整个组织。

这些日子以来，我们不断听到许多企业领导者口头上挂着一个更为实际的口号，他们在讨论将自己的组织带到"下一个发展阶段"。比如说，通用电气的 CEO 杰夫·伊梅尔特要求自己的员工思考如何利用技术在下一个阶段将自己的公司与其他公司区别开来，并取得更好的价格、更高的边际收益以及更高的收入增长。

这是一种以实际的执行促进变革的方法。它以现实为基础——人们展望未来或设定具体工作目标时都是以此为基础的。这种方法贯穿着一种理念：有意义的变革只能来自实际的执行工作。

除非各级领导层都能够切实地掌握和实践执行的学问，否则没有一家公司能够彻底兑现自己的承诺，也无法真正地适应不断变化的环境。执行应该成为一家公司战略和目标的重要组成部分，它是目标和结果之间的桥梁$^{\ominus}$（missing link）。从这个意义上说，它是一名企业领导者的主要工作。作为一名领导者，如果不知道如何去执行，你的所有工作都将无法取得预期的结果。

强调执行的时代已经来临

实际上，许多企业的领导者已经开始在执行和结果之间建立

$\ominus$　达尔文的进化论认为，现代人和现代猿有着相同的祖先。长久以来，人和现代猿刚刚分离或者是即将分离时的化石是人类学家梦寐以求的支持上述理论的证据，被称为"缺失的一环"（Missing Link）。这里被作者喻为目标和结果之间的桥梁。——编者注

联系。即便在康柏公司解雇了法伊弗之后，公司的创始人和主席本·罗森也不得不承认公司的战略出现了问题。根据他的观点，问题在于"如何执行，如何落实计划，从而使公司运营变得更有效率"。当朗讯公司董事会于2000年10月解雇了CEO理查德·麦克吉恩的时候，他的继任者亨利·斯查特解释道："我们的问题在于学会如何执行。"

负责寻找高级管理人员的猎头公司经常接到这样的电话，"帮我找一个能执行的家伙"。在2000年IBM公司的年度报告中，郭士纳这样评价他的继任者萨缪尔·帕尔米萨诺，"他的特长就在于能够保证所有计划都得到切实的执行"。2001年上半年，全美企业经理人员协会将"执行"评为经理人员必须掌握的技能之一。该协会认为，经理人员必须问自己，公司执行得如何，管理层的预期和企业的实际表现之间存在哪些差距。而且，该协会注意到，董事会很少会提出这些问题。

虽然有关执行的讨论由来已久，但很少有人了解执行的真正含义。在我们针对这一问题进行培训的时候，我们首先要求学员们对这个词做出定义。大多数学员都以为自己非常了解这个问题，而且他们开始时也确实干得不错。"执行就是将计划落到实处，"他们通常回答，"它的主要内容是如何运营一家公司，而不是构思一个方案和计划。从本质上来说，它就是一个实现目标的过程。"接着我们问："如何落实一项计划呢？"他们马上就显得有些不知所措了。无论这些人是MBA的学生还是在职的企业高级主管，他们很快就明白了一个道理：自己根本不了解什么是执行，更不懂得应该如何执行。

无论是在书刊、报纸还是杂志上，当你看到执行这个词的时候，都会得到一种（模糊的）概念，认为执行就是更有效、更仔细、更注重细节地完成某项工作，但很少有人能够讲清楚它的真正含义。

即使那些意识到执行重要性的人也倾向于认为执行就是要关注细节。比如，本·罗森在他的评论中正确地用到了执行这个词，但即使他真正理解了执行的含义和要求，康柏公司的领导层也无法领会这一点。

为了更好地理解执行的含义和要求，你必须要记住三个要点：

- 执行是一门学问，它是战略实施中不可或缺的关键环节。
- 执行是企业领导者的主要工作。
- 执行必须成为企业文化中的核心元素。

执行是一门学问

人们通常从战术的角度来考虑执行问题，这本身就是一个大错误。战术是执行的核心，但执行不等于战术。执行是战略的基础，所以它必须同时成为战略的决定因素。如果不考虑企业的执行能力的话，任何领导者都不可能制定出真正有意义的战略。对于那些落实计划过程中的细节性问题，你可以称其为流程实施，或关注细节，抑或其他任何东西，但千万不可将执行与战术混淆起来。

执行是一套系统化的流程，它包括对方法和目标的严密讨论、质疑、坚持不懈地跟进，以及责任的具体落实。它还包括对企业所面临的商业环境做出假设，对组织的能力进行评估，将战略与运营及实施战略的相关人员结合，对这些人员及其所在的部门进行协调，以及将奖励与产出相结合。它还包括一些随着环境变化而不断变革前提假设和提高公司执行能力以适应野心勃勃的战略挑战的机制。

从最基本的意义上来说，执行是一种暴露现实并根据现实采取行动的系统化的方式。遗憾的是，大多数公司都没能很好地面对现实，正如我们将看到的那样，这也正是它们无法正确落实战略的原因所在。关于杰克·韦尔奇管理风格的书有很多，尤其是他在管理过程中的铁腕手段，有时甚至被称为冷酷无情，但从我们的角度来看，他实际上是在通过一种强制性的手段把现实主义注入通用管理的各个流程，并以此建立了一个注重执行的企业文化。

执行的核心在于三个核心流程：人员选育流程、战略制定流程和运营实施流程。所有的企业和公司都在以某种特有的方式利用这三个流程，但在大多数情况下，它们都无法将这些流程紧密地结合起来。人们只是在走走形式，尽快完成这些流程，然后就可以回去继续从事自己原来的工作。通常情况下，CEO和他的高级管理团队每年只花不到半天的时间来对企业计划——人员选育、战略制定和运营实施进行评估。而且在大多数情况下，这些评估也没有体现出任何互动性，人们只是坐在那里看幻灯片，他们并不会提出任何问题。

他们并不会争论，所以这种评估根本不会产生任何有用的结果。人们只是在制订计划，他们根本没有承诺要将这些计划付诸实施。这种模式最终只能导致失败。实际上，你需要的是激烈的争论，因为只有这样才能接触到真正的现实。为了实现目标，你的团队所制定的每一项任务都应当有人负责落实——整个团队应该进行公开讨论，而且讨论的结果应当为那些具体负责的人所认可，只有这样，你才能真正地落实一项战略，并给予表现优异者以适当的奖励。你需要不断跟进，以确保整个计划得到了正确的执行。

开展这些流程的过程实际上就是一个执行决策的过程，正如我们将看到的那样，具有执行文化的企业都能深入持久地开展这些流程。谁来负责某项工作，如何衡量他们的工作业绩，如何进行责任分配？为了执行一项战略，企业需要进行哪些人力、技术、生产和资金方面的投入？两年后，当战略发展到下一阶段的时候，组织是否拥有足够的能力来将这一战略继续执行下去？该战略是否能够为组织带来取得成功所必需的收益？这项战略能否分解为一些可行的子方案？参与流程的人将就这些问题展开争论，找出客观现实，并最终得出具体而实际的结论。每个人都表示同意自己的职责，而每个人也都将为完成自己的任务而开展工作。

由于这三个流程彼此紧密地联系在一起，所以人员之间也不应当存在任何分隔。战略的制定必须考虑到企业的人员条件和运营过程中可能会出现的实际情况，而对人员的挑选和选拔也应当根据战略和运营计划的需求进行。同时，企业的运营必须与它的战略目标和人力条件相结合。

最为重要的是，企业的领导者和他的领导团队必须亲自参与到这三个流程当中。这三个流程最重要的实践者应当是企业的领导者和领导团队，而不是战略规划人员、人力资源经理或财务人员。

执行是企业领导者的主要工作

很多企业领导者都认为，作为企业的最高领导者，他不应该屈尊去从事那些具体的工作。这样当领导当然很舒服了：你只需要站在一旁，进行一些战略性的思考，用你的愿景目标来激励自己的员工，而把那些无聊的具体工作交给手下的经理们。自然，这种领导工作是每个人都向往的。如果有一份工作，既不让你亲自动手，又可以让你享有所有的乐趣与荣耀，谁不想干呢？

我在这里要提出的是，这种思考问题的方法是错误的，它很可能给你带来难以估量的危害。

对于一个组织来说，要想建立一种执行文化，它的领导者必须全身心地投入到该公司的日常运营中。领导并不是一项只注重高瞻远瞩的工作，也不能只是一味地与投资者和立法者们闲谈，虽然这也是他们工作的一部分。领导者必须切身融入企业运营中。要学会执行，领导者必须对企业、企业员工和生存环境有着全面综合的了解，而且这种了解是不能为任何人所代劳的，因为毕竟只有领导者才能够带领一个企业真正地建立起一种执行文化。

领导必须亲自运营这三个流程——挑选其他领导者、确定战略方向以及引导企业运营，并在此过程中落实各项计划。这些工作都是执行的核心，而且无论一个组织的规模大小，企业领导者们都不应当将其交付给其他任何人。

试想一下，如果一支球队的教练只是在办公室里与新球员达成协议，而把所有的训练工作都交给自己的助理，情况会怎样？教练的主要工作应当是在球场上完成的，他应当通过实际的观察来发现球员的个人特点，只有这样他才能为自己的球员找到更好的位置，也只有这样，他才能将自己的经验、智慧和建议传达给球员。

对一位企业的领导者来说，情况也是如此。只有领导者才能提出比较强硬但每个人都需要回答的问题，并随后对整个讨论过程进行适当的引导，最终做出正确的取舍决策。而且，只有那些实际参与到企业运营中的领导者才能拥有足以把握全局的视角，并提出一些强硬而一针见血的问题。

只有领导者才能左右组织中对话的基调。对话是企业文化的核心，也是工作最基本的单位。人们彼此交谈的方式绝对可以对一个组织的运营方式产生决定性的影响。在你的组织里，人们之间的谈话是否充满了虚伪造作而支离破碎的色彩？人们在讨论时，能够从实际出发，提出适当的问题，针对这些问题展开具体的讨论，并最终找出正确的解决方案吗？如果是前者——在大多数公司里都是如此，你可能永远也无法在与员工的讨论中了解到实际情况。如果希望成为后者，领导者就必须与自己的管理团队深入到企业的运营中，不断地将一种注重执行的企业文化注入企业运营的各个环节。

具体来说，领导者必须同时参与到这三个流程中，而且要投入巨大的热情和精力。

拉里：在任命一位新的部门经理前，我把她叫到办公室，并和她一起讨论这三个问题。首先，她必须是一个非常讲究诚信的人。这是一个绝对没有商量余地的前提，任何不具备这一前提的人都会被扫地出门。其次，她必须了解客户的重要性。最后，我告诉她："你必须理解人员选育、战略制定和运营实施这三个核心流程，而且你必须能够切实地管理它们。你在这三个流程上投入的精力越多，你的工作就越有成效。如果不理解这一点，你根本没有机会取得成功。"

那些能够深入实践这三个流程的企业总是比那些只是以为自己在实践这三个流程的企业成功得多。如果你的公司没有深入实践这三个流程，你很可能无法充分发挥出公司的全部潜力。你可能投入了很多时间，但最终仍然得不到满意的结果。

比如，大家都知道，企业应该以人为本，员工应该是一个企业最重要的核心资产，但大部分企业的领导者却总是把评估和奖励员工的工作交付给人力资源部门，然后根据人力资源部门的评估意见来决定具体的奖惩措施。还有很多领导者总是尽量避免在小组会议上与别人公开争辩。这根本不是领导者应有的姿态。只有亲身实践的领导者才能真正了解自己的员工，而只有在真正了解员工的基础上，一名领导者才能做出正确的判断。毕竟，正确的判断总是来自于实践和经验。

在公司一切运营正常的情况下，我总是会花 20% 的时间观察员工。在重新建立一个组织的时候，我会把投入到这一流程的时间量扩展到 40%。当然，我并不是指进行正式的面试或选拔，我的意思是要去了解员工。每次视察一家工厂的时候，我总是会首先坐下来，花上半个小时向这家工厂的经理人员了解一下情况。我们对工厂员工的能力进行一番讨论，看一看哪些人需要帮助，哪些人干得不错。然后我会举行一个全体工作人员的大会，听听他们有什么意见和建议。会议过后，我会坐下来，和人们谈谈我的感受，并把我们刚才在会议上讨论的结果以书面形式固定下来。在员工业绩评估问题上，我通常每年进行两三次评估，而且形式也不仅仅局限于正式的面谈。

当我们把这些流程实施到联信公司的一个部门时，一个家伙（一个不错的家伙）在会议上告诉我：“你知道吗，我们今年进行人员评估的时候还是在走形式。”我对自己说：“这是我听到过的最没劲的评价，因为你实际上是在告诉别人你根本不了解自己的工作。而且，如果你真这么认为的话，我建议你应该干点其他什么事情，因为在这种思想的指导下，你根本无法取得任何成功。”我并没有直接当着大家的面把这些话说出来，但我在心里暗暗想，或许是我当初选错了人。

但结果证明，他并没有按照自己所说的那样“走走形式”，当然，我知道他绝对不可能喜欢上人员选育流程的，但他的确做了一些改进——对自己的员工有了更多的了解，并促使整个部门的工作开始向着更为良性的方向发展。

* * *

在听到自己必须亲自管理三个核心流程的时候，领导者们通常的反应是大皱眉头，"你是说我应该对整个公司实行微观化的管理吗？我可不愿意这样"。他们最典型的反应通常如此。或者他们会说："这可不是我的风格，我喜欢充分放权，把权力交给那些负责具体执行工作的人。"

我们也完全同意领导者不应当对自己的企业实行微观管理，这种做法会降低员工们的自信，打消他们的主动性，并扼杀他们独立思考的能力，同时这种做法往往也只能把事情搞得更为糟糕，因为那些不断对下属指手画脚的微观化管理人员通常不可能比具体的执行人员更了解实际情况。

领导一个组织和管理一个组织之间的确存在着巨大的差别。那些宣称自己喜欢放权的领导者实际上并没有采取实事求是的工作态度。他并没有直接面对应该为自己的业绩负责的员工，也没有努力去发现企业当前存在的问题，更不用说去解决这些问题了。他只是在管理，这种领导者实际上只是在完成一半的工作。

建立一种执行文化并不是说要进行微观管理，也不是要解除工作人员的权力，相反，它应该是一种更为积极的参与——首先完成一名领导者应该完成的工作。在后面的讨论中，你将发现那些善于执行的领导者常常会从事一些非常具体有时甚至是非常关键的细节性工作。他们根据自己对企业的理解不断提出新的问题，将企业存在的问题公之于众，并最终号召大家一起来解决这些问题。

执行型的领导者会建立一个执行文化的结构，他会提拔那些能够更快、更有效地完成工作的人，并给予他们更高的回报。在实施每一个项目的过程中，他都会亲自参与任务的分配和随后的跟进工作。他需要确保员工们理解每一项工作的先后顺序，这就要求他对整个企业有着全面的了解，并能够提出一些尖锐且富有针对性的问题。执行型的领导者常常不必告诉人们他们的工作是什么，他只需要提出一些问题，员工们自然就会知道自己的任务。通过这种方式，他实际上是在教育员工，将自己的经验传递给他们，并教育他们以一种自己以前从未体验过的方式进行思考。这种做法根本不会扼杀任何人的创造性，相反，它实际上是在帮助每一个参与者提高自己的能力。

杰克·韦尔奇、山姆·沃尔顿和西南航空公司的赫伯·凯勒赫都是组织内部的强势人物，几乎每个人都认识他们，都知道他们所从事的工作，知道他们希望自己的员工完成什么任务。这是因为他们非常强硬的个性吗？是的，但强硬的个性本身并不意味着任何东西。邓洛普是著名的成本削减高手，他本人有着非常强硬的个性，但他实际上一举摧毁了一家自己本来应该拯救的公司。

像杰克、山姆和赫伯这样的人都非常善于沟通吗？答案仍然是"不错，但是"。沟通这个词可能并没有什么实际意义，但它也可能确实意味着什么东西。真正重要的是沟通的内容，以及进行沟通工作的人的本质——包括他的听说能力。

或许这种人都是因为奉行了"脚踏实地的管理"原则才成为优秀的企业领导。我们都读过这样的故事，山姆和赫伯如何深入到员工工作的第一线，冒着酷暑与他们亲切交谈。不错，脚踏实地、深入第一线的确是非常有用、非常重要的，但前提是那些深入第一线的领导者要知道自己该听什么，该说什么。

这种类型的领导者之所以比较有影响力，原因就在于他们本身就代表着自己的企业，而且都能深入地参与到人员管理和企业的日常运营中去。他们具有亲和力，因为他们了解企业面临的实际情况，并能够就企业当前所面临的问题展开讨论。这种领导者通常对自己所从事的工作充满热情，希望自己参与制订的计划能够得到切实的结果。他们激励员工的方式并非"恐吓"或煽动性的演讲，相反，他们总是通过以身作则来教育自己的员工。

在担任通用电气 CEO 的最后一年，杰克·韦尔奇（一如其 20 年来的习惯）花了整整一周，每天工作十个小时来评估公司各个部门的运营计划。他非常注重人与人之间面对面的交谈，直到自己职业生涯的结束，杰克都没有改变自己的风格——他总是在领导别人之前，自己首先热情地参与进去。

执行必须渗透到企业文化中

现在你明白了吗，执行并不是你移植到自己组织中的一个项目。如果有一位领导者说，"好吧，现在我们将向着执行型企业的方向转变"，那我可以肯定，这位领导者不过是一时头脑发热，或者这股劲头会持续几个月，但它一定不会有任何持续性效果。就好像领导者必须亲自参与到企业的运营中一样，组织中的其他人也要深入地理解和实践这门学问。执行必须渗透到企业的回报系统和行为准则中去。

实际上，正如我们在第 4 章将要讨论的，集中于执行不仅是企业文化的一个重要组成部分，还应当是确保建立有意义的文化变革的一种方式。

实现向执行型企业转变的一种方式就是把这些放到与六西格玛同样重要的地位上。实践这种方法的人总会努力找出结果与预期不符的地方。一旦找到这些偏差，他们就会不断改进，直到质量得到提高为止。他们会在整个流程中贯彻这些方法，这是一个不停改进的过程，而且也是一种行为上的巨大变革，实际上也就是文化上的变革。

那些执行型的领导者总是会在公司的所有事务上（从边际利润到员工选拔）找出预期规划和实际结果之间的差距，然后他们就会采取措施来弥合这些差距，直到整个组织都得到更大的改进。和六西格玛一样，只有当人们接受了足够的训练并经常实践的时候，执行的学问才会真正发挥作用；如果只有少数几个人实践的话，是根本不会产生什么具有实际意义的结果的。执行必须成为组织文化的一部分，促使各级领导者的行为水平得到改进。

执行的习惯首先应该从高层领导培养，但即使不是一名高级领导者，你仍然可以在自己的组织里进行实践。你可以培养和展示自己的技能，这最终必将能够提升你的职业生涯，而且你的身体力行也将能够给他人起到良好的示范作用。

为什么会出现执行不力

执行是如此重要，但为什么长久以来却一直为人们所忽视呢？可以肯定的是，并不是没有人意识到这个问题，但为什么大家都没有采取实际的措施来建立一种执行文化呢？当一项决策没有得到切实执行，或者承诺没有兑现的时候，一定是什么地方出了问题。管理者们努力地寻找答案，他们首先会把那些比自己做得好的公司当作榜样，然后在它们的组织结构、流程管理和企业文化中寻找答案。但这种方法很难帮助他们找到真正的原因，因为很少有人会把执行当作一门真正的学问来教授。这些管理者实际上根本不知道自己在寻找什么。

真正的问题在于，执行这个词听起来可能不是那么吸引人。领导者们总是喜欢自己制定战略，然后把执行落实的任务交给手下的经理。但你们可曾想到，难道那些伟大的 CEO 和诺贝尔奖得主不是通过亲手执行才取得这种荣耀的吗？是的，实际上，轻视执行的重要性根本上就是错误的。

很多人都说自己更喜欢接受智力上的挑战，这些人对智力挑战的理解只有一半是正确的。他们根本没有意识到，智力挑战也包括严格的执行工作。这些人之所以会形成错误的观点，其根源可能与电视有关，因为那些经常看电视的人总是错误地相信有这样一个神话：只要有了好的想法，一切都会顺理成章地发展，直到产生好的结果。

世界上存在不同类型的智力挑战。构思一个伟大的想法或一幅宏伟的图景只能算是最基本的一种。将这幅宏伟的图景转变为一套可执行的行动方案会更为复杂，因为其中将牵涉一些巨大的智力、情感以及创造性方面的挑战。

诺贝尔奖得主之所以能够成功，是因为他们在不断地执行那些能够为其他人复制、验证和改进的实验。他们能够测试和发现许多以前没人意识到的模式、关系和联系。阿尔伯特·爱因斯坦花了十几年的时间才找出详细的证据来证明自己的相对论理论。在这十多年的时间里，爱因斯坦实际上就是在从事一种执行工作——他从数学计算中寻找证据。因为如果没有证据的话，他的这些理论根本站不住脚。爱因斯坦不可能把这项工作委托给任何人，因为这是其他人难以担当的智力挑战。

在面对一个新问题的时候，领导者首先会不断地探索新的方案，一旦这项探索工作完成，接下来的工作就是具体的执行了。比如，某部门的一名经理人员计划在来年要把本部门的销售额增加 8%，即使是在市场吸收力没有增加的情况下。在他们的预算规划过程中，大多数领导者都会毫不犹豫地接受这个数字。但如果是在一家具有执行文化的企业里，领导者就会提出质疑，并以此来判断这个计划是否现实。"好的，"他会问这位经理，"你打算通过什么途径来实现这些增长呢？你准备通过什么产品来实现这一目标？客户对象是哪些人？他们为什么要购买你的产品？你的竞争对手会采取什么措施？你是否制定了什么阶段性目标？"如果在第一季度结束的时候，这个部门没能实现第一阶段的目标的话，这就是一个预警信号：一定是什么地方出了问题，你必须马上采取措施。

如果领导者对该组织的执行能力表示怀疑，他可以提出更深层次的疑问："你是否选派了适当的人来负责项目的执行？他们的责任清晰吗？你需要什么帮助？你的激励回报系统是否有效？"换句话说，领导者不会马上认同这项计划，他希望得到一个更为详细的解释，而且他会一直不停地追问下去，直到得到自己满意的答案。在这种领导者的带领下，在场的每个人都会积极参与讨论，大家都会公开自己的观点，直到最终达成共识。这不仅是一个相互学习的过程，它还是一种将知识扩展到项目中所有人的手段。

假设我们现在遇到了一个如何提高生产力的问题，应当提出的问题包括："根据预算，我们将进行五个项目，你说我们将可以在每个项目上节省200万美元。这些项目是什么？从哪里省下这笔钱？实现这一目标需要多大成本？谁来负责？"

* * *

只有当适当的人在适当的时间开始关注适当的细节时，一个组织才能真正落实一项计划。将领导者心中的理念转变为整个组织的实际行动是一个相当漫长的过程，你必须考虑到各种因素、需要承担的风险以及预期的回报。你必须跟进每一个细节，选择那些能够切实负责任的人，指派给他们具体的工作，并确保他们在开展工作时能够做到协调同步。

要做到这一点，你必须首先对企业内部和它所生存的外部环境有着深刻全面的了解。你应该有判断人的能力，能够看出他们的能力、可靠性、优势和弱势。除此之外，你还要强烈地关注目标，并能够进行批判性的思考。为了做到这一点，你必须能够与下属坦诚、客观地交流。

不能执行的领导者是不完整的，也是不合格的。如果不能执行的话，领导者的所有其他工作都会变成一纸空文或一场空谈。在第 2 章，我们将通过四个企业和它们领导者的故事来进一步说明执行的重要性。

执行成功与失败的案例

所有伟大的领导者都需要有一种执行的本能。他必须相信：
"除非我能达成计划目标，否则我做的工作没有任何实际意义。"
但选拔和培养领导者的过程并没有聚焦于此。根据我们的观察，
大部分进入商业组织最高领导层的人都是以"高层战略人员"而
自诩的。他们总是把自己的工作局限于构思和寻找那些"伟大的
创意"，却不去关注任何实际的落实。他们非常善于把握和阐述战
略计划，却不关心如何把计划变成现实——在他们看来，这些事情
应该交给别人。

单从一个人的智力来判断他的能力是一项单一而简单的工作，
但要从这个人的经历和实际执行的能力来对其做出综合判断却是
一项相当复杂的工作，尤其是当这个人所取得的成就是团队工作
的结果时。但那些聪明的战略型领导者却不用考虑这个问题，因
为他们根本不关心这一点。实际上，许多领导者根本没有意识到

应如何将一个战略目标转化为具体的任务。他们不愿意跟进计划的落实情况——细节性的工作总是令他们生厌。他们并没有考虑前进道路上会遇到什么障碍，也就无法选拔出适当的人选来实施一个项目。由于缺乏实际的参与经验，这些人根本无法对从事实际工作的人做出正确的判断和评估。

CEO 乔的烦恼

关于 CEO 乔的遭遇，我们已经在第 1 章介绍过，他是一位非常有代表性的人物。让我们详细研究一下他的遭遇，分析一下其中存在的问题。

你或许还记得，乔始终不明白，为什么他的手下没能实现预期的目标？他请了一家顶级的咨询公司来制定新的战略，进行了一系列成功的并购，而且与华尔街的关系也非常好。根据他多年从事并购和决策的经验，公司的市盈率在不到两年的时间里就会有大的上浮。乔的优势在于营销和客户服务，他与 CFO 的关系也不错，他确定了阶段性目标，然后由 CFO 将具体的数字指标传达给负责执行工作的人。乔也不是一名微观管理人员，他把所有的实施工作都交给了那些直接向他汇报工作的人，包括负责北美业务的副总裁和生产部门主管。乔时刻对季度汇报数字保持密切的关注，一旦情况发生变化，他就会马上拨通相关部门负责人的电话，要求对方马上改进自己的工作。

根据传统的管理分析标准，乔没有做错任何事，而根据执行型企业的标准，他几乎一无是处。目标和结果之间的差距反映了乔的雄心和组织现实之间的鸿沟。事实上，他所设定的目标根本不现实。

主要的问题在于：由于各级流程都滞后于预定的规划日期，所以最终导致该公司的工厂不能生产出足够的产品来满足市场需求。但乔并不了解这一点。虽然他会冲那些没有完成任务的经理大发雷霆，但他从来没有尝试了解一下原因。而一位善于执行的领导者则会立即提出这个问题，并随后把目光集中在原因上面——毕竟，只有当找到问题的根源，你才能彻底地解决它。在这种情况下，乔应该提出下列问题："各种流程都按预定日期进行了吗？执行副总裁和他手下的部门主管是否知道原因，他们准备采取什么措施？"

和许多CEO一样，乔认为提出这些问题的应该是生产主管，而对于整个过程的监督则是执行副总裁的事。但遗憾的是，和其他许多CEO一样，乔并没有找到适当的人选。他的生产主管和执行副总裁都没有尽到自己的责任。执行副总裁是一位跳槽高手，他几乎每三年就换一次工作。而生产主管则是一位出身财务公司的聪明人，他甚至被认为非常有可能在五年内继承CEO的职位。但不巧的是，这位未来的CEO也没有养成注重执行的习惯——向他汇报的工厂经理实际上根本没把他放在眼里。

如果这家公司的领导者们能够经常与生产部门的员工进行一些开诚布公的交流，他们或许能够更早地意识到生产过程中存在的问题，可事实并非如此。领导者的工作只是从上向下地传达数据指标。虽然阶段性目标能够促使人们更好地打破陈规旧俗，但那些不切实际的目标，或者是没有征得实施者认同的目标，却只会把公司引向更糟糕的局面。

你可能要问，如果乔掌握了执行技巧的话，他又会怎样做呢？首先，他会在制订计划的时候征求所有员工（包括那些负责生产的人）的意见，再根据组织的实际能力来确定具体的目标。我们这里所说的组织能力包括良好的分配能力，也就是说，能够选派适当的人员来从事适当的工作。如果执行副总裁不知道如何落实工作的话，乔早就应该帮助他加强这方面的学习。如果他不肯学习，或者说没有取得实质性进步的话，乔唯一的选择就是让他离开。其次，乔应该向执行人员提出更多的实际操作过程中可能遇到的问题，比如，他们将如何在预定时间内提高自己的存货周转率、降低成本并达到公司的质量要求？任何不能回答这些问题的人都应该在开展工作之前先找到答案。

再次，乔应该为整个项目设定一些阶段性目标，而且每个阶段都应当由具体的人员负责。比如，在实施一项新流程以提高产量的时候，乔就应当与生产部门订下一项协议，要求在某个日期之前将产量提高某个百分点，并在此过程中对某个数量的员工进行培训。如果负责这个项目的经理没能在预定时间内实现这些目标，领导者就应该帮助他采取正确的补救措施。最后，乔应当建立一些应急计划来应对特殊情况。比如，市场需求的变动、元件供应不足或外部环境中的一些其他变化。

乔是一个非常聪明的人，但他不懂得如何去执行。聘请乔的人从他的履历中根本看不出他可能会失败，因为他们根本没有把执行能力作为一项衡量标准，他们看中的是他交易和并购的能力。

直到董事会解雇他之后，管理团队才明白如何去执行，因为新的 CEO 出身于生产部门，他和他的团队一起与工厂经理讨论了具体的实施方案，确定了阶段性目标，然后不断跟进，直至目标实现。

施乐公司的执行不力

同样，施乐公司的决策者们也不明白为什么理查德 C. 托曼会失败。托曼是一位很有思想的人，近年来他一直领导着美国的一家大公司，是一位颇受尊重的战略家。当施乐公司于 1997 年聘请他担任公司 COO 时，他已经是 IBM 时任总裁郭士纳麾下的重要人物，并在 IBM 公司担任 CFO 一职。施乐公司聘请托曼的主要目的是希望他能为公司带来变革。担任 COO 期间，他发起了一系列重要的成本削减计划，其中包括解聘一批员工，减少红利支出和商务旅行的费用等。他还为实施新的战略打下了良好的基础。在董事会于 1999 年 4 月提拔他担任公司 CEO 之后，他开始致力于将施乐公司从一家产品和服务型公司转变为一家解决方案提供商。他为公司制定了新的发展目标：将软件、硬件和服务结合起来，帮助客户整合纸面文件和电子信息流，并着手与微软和康柏这样的公司建立合作伙伴关系以建立新的系统。

对于一家非常需要新战略的公司来说，他的这一系列举措带来了巨大的影响。在 1999 年的年度会议上，托曼亲口告诉股东们："公司已经做好充分准备，一个新的成功时代就要来临。"同时他还预测，来年的收益将达到 5 ~ 10 个百分点。投资者们对此也抱有很大信心，施乐公司的股价因此一路上升。

但战略毕竟不是现实，施乐公司是一家没有执行文化的公司，所以托曼制定的目标也就远远超出了该公司的实际能力。比如，在公司转型期开始的早些时候，托曼提出了两个至关重要的方案，其中一个是要将公司的 90 多家管理中心（其主要业务为账目处理和客户服务）合并为 4 家。另一个就是要为施乐公司组建一支 30 000 人的销售大军，由原来的以地区为单位进行销售转变为以行业为单位。

两个提议都是非常重要且是非常必要的。合并方案将大大削减成本，并提高效率，而销售队伍的重组将为施乐公司转向为客户提供解决方案铺平道路。但到了年底的时候，施乐公司却陷入巨大的困境。

在实施合并方案的过程中，由于人员调动较大，出现了订单遗失，甚至服务电话也无人应答的情况。而销售代表们也被迫花很多时间去适应新的工作方式，就好像进入一个新的组织一样。由于客户对象发生了变化，他们不得不建立一套新的客户关系，这同时也不可避免地疏远了施乐与以前许多忠诚客户的关系。

整个公司的士气开始低落，运营过程中的现金流开始变为负值，投资者们也开始对施乐公司的财务情况失去信心。股票价格由 64 美元跌至 7 美元。为了满足现金需要，公司被迫出售了一些子公司，到 2000 年 5 月的时候，托曼被叫到主席保罗·阿莱尔的办公室，责令其辞职。

问题到底出在哪里呢？虽然同时发起两个大的项目本身就是一个错误，其中任何一个都足以给整个组织带来毁灭性的打击，但真正的问题还不止于此。托曼的批评者们认为，问题在于他没能与主管们及时沟通。施乐公司的俱乐部文化并不会轻易地接受一个外来者，而且正如托曼指出的那样，他根本没有权力指定自己的管理队伍，尤其是当一家企业处于重大转折期的时候，一些关键的岗位上必须用对人，企业的核心流程也必须足够强大，因为只有这样才能消弭那些抵制变革的力量，计划也才能得到真正的落实。在施乐公司的这场变革中，两个条件都不具备。

朗讯的执行失控

当朗讯科技公司于1996年任命理查德·麦克吉恩担任CEO时，人们都对他寄予了很高的期望。营销出身的麦克吉恩风度十足，而且非常善于向投资者推销公司的未来。根据他向投资者们的承诺，公司将在未来取得令人目眩的收入和收益。由于当时的经济形势相当好，而且他的这种分析又采取了一种高瞻远瞩的方式，所以投资者和董事会似乎都对公司的未来充满信心。当时，西部电子（Western Electric）和贝尔实验室的合并给了美国电话电报公司重重一击，同时朗讯公司开始把重点集中在蓬勃发展的电信设备市场上，准备向电话和网络转换及传输装置大举进军。

然而，麦克吉恩根本没有办法使自己的计划在公司内部得到落实。"我们根本不具备执行这项计划的能力。"2000 年 10 月被公司返聘取代麦克吉恩的亨利·斯查特说。电信泡沫的破灭最终影响到所有的参与者，但朗讯公司的衰落甚至在此之前就已经开始，而且比竞争对手衰落得更快、更严重。

进入以互联网速度发展的技术市场后，麦克吉恩没能及时改变西部电子以前那种缓慢、富有官僚气的作风。朗讯的结构非常庞大、臃肿，它的财务控制系统显得有些不堪重负。比如，执行官们根本无法得到利润、产品或渠道信息，这就使得他们无法在资源分配问题上做出明智的决策。麦克吉恩的手下要求他采取措施扭转这种局面，但毫无作用，他没能即时替换掉那些表现不佳的执行官，而他的竞争对手在这方面则比他好得多。

结果，朗讯公司在开发新产品的过程中一直没能达到预期目标，这就使它最终错失了最好的市场机遇。公司投入巨资安装了 SAP 软件，希望能够通过这个标准的软件平台将公司所有部分联结起来，但由于公司没能及时改变工作流程，导致大部分资金被白白浪费掉了。

朗讯公司的确在前两年里实现了自己的财务目标，引起了投资者们一股前所未有的投资热潮。但这些早期的收入主要来自于朗讯传统的语音网络转换业务——这种业务的增长前景并不稳定。结果在这股热潮尚未消弭之前，该公司就几乎脱离了麦克吉恩预定的发展轨道。

一位对本组织理解得比较全面的领导者是不会制定这样一套不现实的目标的，因为朗讯公司无法提供当时市场上那些最热门的产品，其中包括引导互联网交通的路由器和高容量的光纤设备。贝尔实验室虽然正在研究这两种设备，但却严重滞后于市场需求。

在路由器和光纤设备上错失的机遇被广泛认为是朗讯公司的一项重大决策失误。事实上，它们恰恰表明了执行和战略之间的关系是多么密切。1998 年，朗讯公司曾经与 Juniper 网络公司商讨过并购事宜，但最终还是决定自行开发路由器。执行的一个重要部分就是要了解自己的实力，朗讯公司当时根本没有足够的实力以足够快的速度研制并推出新产品。而在一家具有良好执行文化的企业中，领导者是不会制定出如此脱离实际的目标的。

同样，光纤设备上的战略失误也是起源于执行文化的缺乏——主要是由于决策层不了解外部环境的变化。早在 1997 年的时候，朗讯的工程师就向公司高级管理层申请开发光纤产品项目，但当时公司的领导层已经习惯了只听从其最大的客户美国电话电报公司和 Baby Bells 的建议，而这些客户对光纤设备并不感兴趣。这就是所谓"革新者的僵局"的一个经典案例——那些在成熟技术行业中最具优势的公司，在掌握新技术的过程中往往是最不成功的。但"革新者的僵局"本身就是一个没有被广泛认识到的执行问题。如果你真是一家执行型公司，并且拥有足够资源的话，你就会在关注眼前客户的同时，考虑和规划一下未来客户的需求。北电网络（Nortel）就做到了这一点，在满足当前大客户需要的同时，也看到了未来的市场发展趋势，并及时采取措施来满足并迎接未来市场。

其次，为了尽快取得高速收入增长，朗讯公司采取了多方出击的战略。这种战略的一个直接结果就是公司生产出了许多根本不为市场所需要的产品,并购了一些自己根本无法整合甚至无法管理的企业,尤其是当被并购企业的原领导者因无法忍受朗讯公司的官僚文化而愤然离去的时候。这一切都使得成本迅速高涨。36 次并购之后,朗讯公司的员工总数上升至 160 000 人,从而带来了大量的冗员,成本过高,而公司原有的透明性则大大降低。

远在电信市场的繁荣结束之前,朗讯公司的颓势就已经清晰可见了。由于已经意识到根本无法完成预定目标,许多员工开始采取一种放任自流的态度。销售人员开始为客户提供难以想象的折扣,并承诺将对客户最终无法售出的设备进行回收。这种方式的确大大促进了产品的销量,一些产品刚运到分销商那里就被抛售一空,但这种产品需求旺盛的假象实际上只能加大朗讯公司的损失。比如,在 1999 年,在收入增加 20% 的同时,朗讯公司的应收账款却增加了几乎一倍,接近 100 亿美元,致使大量的外债无法收回。同时,由于大量的并购活动,公司欠下了高额债务,几乎到了破产的边缘。在债务压力下,朗讯公司被迫低价出售一些业务部门。情况变得如此之糟,以致朗讯公司差点被法国阿尔卡特公司吞并。

在当时的高科技浪潮中,无论是业内人士还是投资者都无法想象一家高科技企业会衰落得如此之快。而对于任何一位谙熟执行的领导者来说,他肯定会在进行类似的市场冒险之前先对自己的组织进行一番符合实际的评估。但根据朗讯公司公布的材料来看,麦克吉恩显然没有这样做。在任职的最后一年,他显然已经对局面失去了控制，他不得不几次主动降低自己的财务估计。可直到董事会宣布解雇他的那个周末，他还坚持说朗讯正处在正确的轨道上。

在一份事后备忘录中，《华尔街日报》这样写道：

> 熟悉这家公司的人都说，早在一年前，就有一些执行官告诉麦克吉恩先生，公司需要降低财务目标，因为当时最新的产品还没有上市，而传统产品的销售又开始下滑。
>
> "他断然拒绝"了这些建议，一位内部人士透露："他认为市场一直处于增长阶段，这个时候没有理由不对前景保持乐观，他完全听不进去任何劝告。"
>
> 实际上，在最近的一次访谈中，麦克吉恩先生表示，当朗讯公司刚刚从美国电话电报公司脱离出来，事业发展正如日中天的时候，他怎么也不会想到会出现今天这种局面。

EDS 的执行成功

现在让我们看看另外一种情况，EDS 曾经也是一家身处困境的公司，它的新任 CEO 为该公司建立了一种执行文化后，情况发生了巨大变化。当迪克·布朗于 1999 年 1 月接管 EDS 的时候，这家公司在很多方面和施乐公司非常相似。它已经在自己的计算机服务外包领域打下了一片江山，几十年来，这家公司一直一帆风顺，直到信息技术市场变革的到来。市场变化之后，EDS 并没有采取相应的变革措施，而它的竞争对手（如 IBM）却抓住了这次机遇，这就使得 EDS 的收入开始陷入停滞阶段，收益率降低，股票价格也开始下降。

和托曼一样，布朗也不是业内出身，他来自于电信业。在来到 EDS 之前，他曾经成功地挽救了英国电信巨头大东电报公司（Cable & Wireless）的命运。来到 EDS 之后，他所面对的是一个急需改革而又根深蒂固的企业文化——EDS 决策乏力，责任不清，而且它的组织结构也开始与市场需求脱节。布朗和托曼的相似之处还有两点：上任伊始，布朗就确定了一些大多数人都认为不可能实现的收入和收益增长目标，并同时对公司发起了大规模的重组运动。

但接下来，两个人的做法就不同了。布朗是一个非常注重执行的人，他总是非常清楚每一件任务应当由谁来完成。在承认 EDS 的转型是一项长期工作的同时，他成功地在两年内改变了公司的基本价值观。他为公司注入了一股该公司以前从未体验过的活力，并以此成功地实现了预定的利润和增长目标。

根据布朗的战略，EDS 可以通过提供市场上正迫切需要的信息技术服务来实现增长目标。这些服务包括公司内部的数字化管理、虚拟销售和电子整合，从而使得公司可以与供应商、客户和其他服务提供商进行更为密切的合作，就好像是一家公司一样。与时俱进是许多（即使是最优秀的）公司 IT 部门所面临的一个巨大挑战，而对那些只拥有有限资源的公司来说，这更是一个严峻的考验。

布朗看到了 EDS 拥有提供这种服务的核心优势。它所拥有的资源非常广泛，既能以较低的成本提供专业的常规运营服务，也能够通过自己的咨询公司（EDS 于 1995 年兼并了 A. T. Kearney 公司）为大公司提供最高水平的战略咨询。EDS 员工对技术的理解以及他们在为客户提供解决方案上的经验是该公司一项巨大的智力资本储备。非常幸运的是，EDS 还继承了公司创始人罗斯·佩罗特那种"初生牛犊不怕虎"的气势，"每个人都相信自己能够为客户完成那些看似不可能的任务"。

旧的结构和文化依然困扰着 EDS，它的 40 多个战略业务单元（SBU）按照产业属性（比如通信、日用消费品和国家健康保健等）进行了重组。以前的领导者将公司组合成一种"联邦采邑制"的形式，每个部门都有自己的领导、日程安排、员工，有时甚至可以拥有自己的规章制度。这些部门平时很少一起合作，结果导致大量的市场机遇白白遗失。上任之后，布朗意识到 EDS 需要一种新的组织结构，而首先需要改变的就是责任和协作问题。

在建立新型企业结构的过程中，布朗跳出了传统的管理模式。首先，他对整个公司进行了详细了解，花了三个月时间对全球各地的分公司进行了一番巡视，会见了各级工作人员，与他们进行了正式或非正式的讨论。在每周向整个组织下达的电子邮件中，他不仅向员工传达了自己思考的问题，还要求对方做出答复或提出自己的建议。

布朗要求他的经理们"一定要坦诚，在对前景乐观的同时一定要注意实事求是。在考虑问题的时候，一定要兼顾问题的正面和负面效应"。对于那些总是喜欢持批评态度的经理人员，布朗拥有足够的耐心进行解释，如果仍然无法说服对方的话，布朗就告诉他们："好吧，我们可以在会后再讨论这些问题。"这种谈话通常充满了相互质疑，与会人员会对执行计划过程中涉及的具体问题展开讨论。

但无论是会上的研究还是会后的讨论，都是在一种建设性的氛围中进行的。正如一位高级主管所讲的那样："我们并不是要让任何人感到尴尬。在讨论的过程中，出于人类本性，每个人都希望成为表现优秀的人，从而使得整个讨论变得更加富有建设性。"

除此之外，讨论的焦点也不一定集中在数字上面。在前期的一次会议上，布朗这样说道："一名主管说他很为自己组织中日益增长的焦虑不安情绪担忧，大家都认为公司前进的步伐太快了，他的员工总是在问，'我们是不是前进得太快了，这样下去，我们是否很可能会陷入一种混乱的状态？或许我们应该放慢一下速度，静下来，好好想一想。'"

布朗从另一个角度看待这个问题——当然不是偶然的，他实际上是在通过这件事情给大家说明一个道理。"这正是考验一个人领导能力的时候，我希望参加这次会议的每个人都能将自己心中的忧虑坦然相告。如果你认为我们现在的战略思想有问题的话，请马上说出来。"

"没有人回应。所以我说，'如果你们并不感到忧虑的话，那么这些忧虑到底从何而来？我并不感到担心，你们也不担心，那怎么会有人感到忧虑呢？答案是，你们当中有些人心口不一。从你们身上，我看到的是一个束手束脚、谣言四起、对前途毫无信心的组织。作为公司的高级领导人员，你们尚且如此，那其他人会怎么想。如果整个组织充满忧虑，那问题就出在你们身上，因为你们说自己并不感到忧虑。'"

"然后我又说道，'现在是考验你们领导水平的时候了；你们现在需要让整个组织平静下来，向大家传达正确的信息，彻底消除这些谣言，重新树立大家的信心。我相信，这种忧虑心态是根本没有事实根据的，可如果大家仍然感到忧虑的话，那就是你们的责任了。'"

布朗为公司150名主管组织了一系列为期两天的会议，向大家讲述公司计划的详细情况。"我希望你们能站在我的角度考虑问题，"他在第一次会议上告诉大家，"这对你们是非常重要的，因为它可以使你们把精力集中在正确的问题上。"这次会议还是一次很好的实习机会，它让大家学会了如何协作和相互配合。"通过相互交换名片，大家建立了初步的了解，这就为以后的协作打下了良好的基础，"布朗认为，"我们身处同一个团队，所以我们必须学会同舟共济。"

人员选择也是一个非常重要的问题。布朗解雇了大批业绩不佳的主管。在新的领导层管理之下，人力资源部门（即以前的领导和变革管理部门）制定了一套将奖金与业绩直接挂钩的薪酬体系，还建立了一套基于网络的评估工具，以此来帮助主管更好地对自己的手下进行评估。除此之外，公司还对各级领导进行了大量的培训，以更好地满足具体的组织需要。那些不能正确处理所有变革的主管要么接受培训，要么另谋高就。

布朗自己要了一份对销售人员的业绩分析报告，他发现有20%的销售人员在过去的六个月中根本没有卖出一件产品。他对自己的销售执行官说："你准备怎么处理这些人以及他们的主管？"结果，这些人统统被换掉了。

从对公司的影响角度看，布朗的重组要比施乐的重组规模更大，也更为复杂。布朗基本上把 EDS 翻了个底朝天。战略业务单元按以四个细分市场为中心的业务线（LOB）重新组合。电子解决方案业务线将为"扩展型企业"提供全套的服务——这些扩展型企业又通过电子方式与供应商和客户联结到一起，从供应链网络到互联网安全。商务流程管理业务线将为企业和政府部门提供管理和财务流程处理以及客户关系管理服务。信息解决方案业务线将为客户提供 IT 和通信外包服务、管理化储存以及桌面系统管理。而 A. T. Kearney 将专门提供高端的咨询服务，同时提供执行官猎头服务。（EDS 后来又增加了一个 PLM 解决方案业务线，专门为制造型企业提供数字化产品生命周期管理服务——从产品开发到与供应商的协作。）

新的结构已经不仅是一种根据市场对业务进行划分的方式了，它实际上是为了更加充分地利用 EDS 丰富的智力资本，调动公司各个部门为客户提供更为详尽周到的解决方案。LOB 之间的协作也使 EDS 能够为客户提供真正的全套服务——从商业战略咨询到流程重新设计管理和网络会议。在新的企业结构下，要想使整个公司的业务更为流畅地运转，员工们不仅要掌握新的技能，而且要学会一种新的协作方式。与此同时，他们还面临着每年将公司生产率提高 4% ～ 6% 的压力，从而使得公司每年可以拿出 10 亿美元用于再投资，前提是不得降低新产品引进和推广的速度。

布朗成功了，其原因就在于他把落实计划的任务详细分配到了个人。他从不同部门和地区抽调了一个由七名主管组成的小组，该小组定期与布朗、公司 COO 以及 CFO 会晤，大家连续不断地奋战了十个星期，最终将新的模式变为现实。

单单从 EDS 领导层要求的角度来说，新组织也与旧组织有着天壤之别。过去，业务部门的领导者只关心本部门的成功，但在新的模式下，整个公司被连成了一体，这就要求各部门之间实现真正密切的合作。对于大多数主管来说，他们还都是第一次体验这种团队协作，感觉似乎并不是那么简单，一位成员这样回忆自己当时的心态：

> 我们七个人来自不同的背景，拥有不同的观点。有些人注重从市场的角度看问题，而有些人则关注物流方面的问题，有些人观察问题的时候采取的是国际化的视角，而有些人则把眼界局限于自己的行业范围之内，但我们还是全身心地投入到新模式的建立中去。
>
> 这真是一个非常艰难的过程，在执行的过程中，我们内部产生了很多分歧。大家经常争吵，甚至好几天都不和对方说话。就拿我来说吧，我是一个非常固执的人，很难向别人妥协。好多次我都感到非常沮丧，有时甚至会离开会议室，准备驱车而去，我甚至在想，这家公司

要完了。我已经在这里干了 20 多年，它对我来说就像是家一样，我对它充满感情。我绝对无法容忍眼睁睁地看着它遭到毁灭。

但无论如何，经过一番情感和心理斗争之后，我还是成功地调整了自己的心态，我对自己说："我们以前的工作方式不一定要延续到以后，我们必须拥有一种开放的心态。"最后我们大家都成了好朋友，因为我们在所有问题上都达成了共识。这的确是一段不错的成长经历。

就这样，布朗成功地将公司关注的焦点转移到了客户服务上面。"优质服务"不仅是一个口号，它还成为对所有直接与客户接触的主管和 LOB 总裁进行评估的一个重要指标。今天，91% 的 EDS 客户都将该公司的服务质量评为"良好"或"优秀"。

这一系列措施取得了很明显的效果，到 2001 年年底，EDS 创造了新的收入纪录，并获得了更大的市场份额，同时运营边际收益和每股收益连续 11 个季度保持两位数增长。从布朗接管该公司之后，它的股票价格上升了 65%。在 2001 年 12 月的公司董事会上，所有的董事都向布朗表示祝贺，他们没想到布朗能够在不到三年的时间里取得了如此巨大的成就：他成功地改变了整个公司的企业文化，并同时将公司推向一个新的发展阶段。

* * *

我们前面提到的三家公司都具有非常典型的代表性。施乐、朗讯和 EDS 都是本行业的开山元老，在数十年里，它们实际上都是本行业的领军企业，都是竞争对手们效仿和超越的目标。今天，有两家公司已经日暮西山，而第三家却通过洗心革面的变革重新焕发了光彩，再一次成为自己行业的龙头企业。区别在哪里？执行。

执行的学问建立在一整套要素之上，对于那些希望严格而一致的设计、实施和运营三个核心流程的企业领导者来说，他们必须掌握这一套要素。我们将在第 3 章到第 5 章对这些要素展开详细的讨论。它们包括：领导者的基本行为；从企业运营的角度对文化变革的框架做出定义；量才适用，让适当的人从事适当的工作。

第二部分

执行的三大基石

———

EXECUTION

第3章

基石一：领导者的七项基本行为

负责执行的领导者究竟应该做些什么呢？他应该如何避免成为一名微观管理者，如何避免沉溺于企业日常管理的细节当中呢？我们在下面列出了领导者的七项基本行为，它们组成了执行的第一个要素：

- 全面深入了解企业和员工
- 实事求是
- 设定明确的目标并排出优先顺序
- 持续跟进，直到达成目标
- 赏罚分明，重奖业绩优秀人员
- 通过教练辅导提高下属能力
- 了解你自己

全面深入了解企业和员工

领导者必须全面深入了解自己的企业。在那些没有建立执行文化的企业里，领导者们通常都不了解自己的企业每天在干些什么。他们只是通过下属的汇报来获得一些间接性的信息，但这些信息都是经过过滤的——在很大程度上受到信息收集人员的个人因素，以及领导者自身的日程安排、个人喜好等因素的影响。领导者并没有参与到战略计划的实施中，所以他们也无法从整体上对自己的企业产生全面综合的了解，而企业的员工对这些领导者也并不真正了解。

拉里： 假设有一位领导者来到一家工厂或者是企业总部，并和那里的员工进行交谈。他为人十分和蔼，彬彬有礼。他似乎非常喜欢自己下属的孩子，并提出一些日常攀谈性的问题，"学习怎么样啊""喜欢这里吗"，等等。或者他会和这些孩子谈谈NBA、超级杯或其他一些本地篮球赛事。他还可能会就企业的运行状况问一些简单的问题，比如"你们的收入水平如何"。这样的领导其实并没有全身心地投入到自己的企业。

访问结束之后，有些经理可能感到松了一口气，因为一切看起来都很好，而且似乎每个人都很高兴，但那些真正优秀的经理却多少会产生一种失落感。他们会问自己："领导到底干什么来了?"，在领导来访之前，他们已经做好充分的准备去回答一些尖锐的问题——高素质的下属喜欢回答这样的问题，这样才能显示出他们是多么了解自己的企业。领导者走马观花式的巡查会让这样的人感到泄气，因为他们甚至都没有机会展示一下自己，给领导留下个好印象，当然，这样的领导者也不会给他们留下什么好印象。

领导者也没有学习到任何东西。等下次他对企业的发展前景进行展望的时候，媒体和证券分析师们可能会感到非常敬畏，但本企业的员工却清楚地知道自己的领导能力欠缺。他们问自己："这个人根本不了解自己的企业，他凭什么这么自信呢？"

如果我要去参观一家工厂的话，那肯定是因为我听到了一些关于该工厂经理的议论，同时我需要亲自印证一下。如果人们说该经理是一位非常讲求效率的人，我就会设法进一步加强他在这方面的能力。我会和他进行一些比较深入的讨论。我知道他表现不错，但或许我会提出一些他根本没有想到的问题。如果大家都认为他是一位不合格的经理，我就会亲自确认一下他是否还应该继续待在现在的工作岗位。而且，我想看看他所组建的团队，这样我才能提出一些正确的问题，从而对他的能力有一个更为清晰、更为深入的了解。

然后我会尽可能地多会见一些员工。我会花上半个小时的时间告诉大家公司目前的发展情况，之后我会用一个小时的时间来回答大家的问题。从这些问题中，我可以推断出工厂经理平时和大家的交流情况。如果根本没有人提出任何问题的话，这肯定不是一个开放的团体。如果人们不敢向我提出一些比较尖锐的问题，比如，"你今年拿多少红利"等，那我们进行的肯定不是一次自由的交流。

工会领导也在那里。听我讲完之后，他问我今年公司是否准备裁员。我的回答是："我们还没有最终确定。客户的选择将最终决定一家工厂是继续营业还是关门大吉。在这种情况下，我们必须学会降低自己的成本而且要快。这就意味着工厂的生产力必须尽快得到大幅度的提高。"通过这种交流，我开始对公司的真实情况和员工心理有了深入的了解。每个人都能够从这种谈话中有所收获。而且通过这种方式，你也有效地建立了作为领导者应有的权威性。

下面我要讲一个亲身经历，这件事发生在我回到霍尼韦尔不久之后。我去参观了位于伊利诺伊州佛里波特市的一家制造传感器的工厂。这是霍尼韦尔的一家老企业了，从当时的状况来看，它根本没有任何竞争优势，只不过它的六西格玛和数字化工作非常见效罢了。没有人要求领导者来组织这些工作，他们只是认为这样做肯定不会错罢了。管理这家工厂的经理是一个非常聪明的家伙。

"你的组织看起来不错，"我告诉他，但也存在一些问题。我们就员工问题进行了深入讨论。"这些人待在这里多长时间了？"我问道，结果是很多人都在同一工作岗位上待太长时间了。"这些人都干得不错，"我说道，"但你一定要让他们换换岗位，提拔他们，只有这样才能提高他们的水平。你必须为自己的组织加入一些新鲜血液，否则你只能是在一个水槽里洗碗，根本不可能实现真正的更新换代。换句话说，你应该学会倾听新的意见和想法。"

接着我问到为什么他的质量监督人员要向制造部门的负责人

汇报工作。"这就像让狐狸去看管鸡窝一样，"我说，"质量监督人员的工作是监督制造部门。"然后我又问道，"为什么企业发展部门的负责人没有出席今天的会议？你要进行一些并购，而他却在忙其他事情，如果不听取他的建议和意见，你怎么能确定一项发展方案呢？"他的回答并不令人满意。随后，他把我带到了车间，向我详细介绍了工厂的产品，这次他干得不错。

但他在预测方面出了问题。"我们没有看清市场趋势，"他说。当我问他为什么的时候，他表现得非常不确定，他告诉我自己使用的是一套基于行业生产指数的系统，而该指数与自己所在行业的关联度只有74%，这根本不能作为预测的参考指数。经过一番商谈之后，他也同意自己应该找一些更有帮助的东西。但除了指数本身之外，我对他预测企业收入的方式也很感兴趣。

然后我和他一起讨论了工厂的工作人员。后来当我再次见到他的时候，我说："你们的工厂数量太多了，应该减少。"他也了解这一点，但问题是他还没确定应该关闭哪些。而且，这些工厂所生产的都是一些必需的原料。"你必须将一些原料的生产外包给其他一些能够以更低成本从事生产的公司，"我告诉他，"在确定关闭哪些工厂之前，你应该首先确定外包的产品类别，因为只有这样，你才能对未来进行更加可靠的规划。"

参加会议的人告诉我，他们已经取得了一些技术上的突破，但还没有聘请专利律师，所以我就问到了将由谁来保护知识产权的问题。我们还谈了电子拍卖——我告诉那位经理他应该学会通过这种方式进行采购，这样能大大降低成本。他承认自己在这方面做得非常不够。最后，我们谈到了公司系统臃肿的问题（顺便说一句，这几乎是所有大公司的一个通病）。我告诉他："你必须在尽量压低成本的情况下建立一个真正互动的系统。"他告诉我自己已经设想出了一套方案。

这是个好消息。然后我们又谈到了六西格玛项目的复苏问题，但这位经理显然没有对此事给予足够的重视。这可能有点麻烦，但他拥有很多在这一领域经验丰富的专家。他的员工干得都不错，而且也都做到了令客户满意的水平。他的数字化工作进行顺利，而且，他完全是在没有遭受公司总部任何压力的情况下进行的。这一点给我留下了非常深刻的印象。

以上就是我们谈话的内容，我们一起对企业的改进措施进行了讨论：他应该为自己的企业注入新鲜血液，减少工厂数量，将一部分业务外包以降低成本，学会保护自己的知识产权——这是我们的竞争优势所在。他需要学会使用电子拍卖，从而以一种更为聪明的方式进行采购，而且他必须构思出一套最有效的系统整合方案。

虽然还有一些问题，但显然，这位经理给我留下了非常深刻的印象。他的工作思路非常正确，而且他知道如何弥补自己工作中的疏漏。

* * *

这次访问收获如何呢？

拉姆：首先，双方对经理的未来工作任务达成了共识。其次，这是一次非常成功的培训练习。拉里提出的一些比较尖锐的问题使这位经理更加清楚地意识到自己企业所面临的问题，并能够将这些问题与外部环境成功地结合起来。这位经理和他的员工也从CEO的层次上了解了自己的竞争优势所在。而且，这次对话也使他们学会了如何用一种更加严谨的方式来分析自己的企业。最后，拉里给工厂的团队带来了极大的鼓舞和信心。这正是一家一直追求上进的企业的典型做法。

请注意"一直"这个词。通过讨论，双方将公司目前面临的问题概括成几个基本的问题。解决这些问题需要一个长期的过程，而且像拉里这样的管理方式的应用也需要企业部门间的密切配合，所以要想取得预期的效果，领导者需要在全公司范围内长期推广这种管理方式。

深入实际的工作作风可以使作为领导者的你与员工建立更为密切的联系，从而使你对自己的业务以及实际从事业务的员工产生更好的直觉性认识。这种关系最终会使人们在执行任务的时候变得更加高效，因为除了完成任务之外，他们还会考虑到与你的个人关系。迪克·布朗与EDS各级工作人员的关系就是一个证明——实际上，这种关系培养了员工们的使命感和忠诚度。根据我们的观察，无论是在商业、政治、军事、宗教还是任何其他领域，那些伟大的领袖人物总是会谋求与下属建立这种更为个人化的关系。

拉里：作为一名领导者，你必须亲自参与到实际的企业运营当中去，而绝不能以一种若即若离的态度来经营自己的企业。当你亲自参与一个项目的时候，员工们可能会认为你有点过于干涉他们的工作，但他们会说："至少老板对我们的工作表示出了足够的关注。他已经在这里待了四个小时，提出了一连串我们没有考虑到的问题。"优秀的员工总是很喜欢这样的老板，这会让他们感到自己受到了重视，从而产生一种被尊重感。这也是领导者对员工工作表示欣赏的一种方式，同时也是对他们辛苦工作的一种报偿。

通过这种方式，你还可以与员工建立一种真正诚实的对话关系。比如说你与某人进行了一场激烈的争论，虽然彼此都不同意对方的做法，但你们最终还是通过某种方式解决了问题。然后，你可以给他写张纸条，告诉对方："昨天的讨论非常有意义，我非常喜欢你开诚布公的态度。"这种讨论绝对不会损害你们之间的关系，因为在这种就事论事的讨论中，谁赢谁输并不重要，真正的关键是找到正确的解决方案。大家进行了激烈的讨论，并最终找到了解决问题的办法，这本身就是一件好事情。

当我还在霍尼韦尔的时候，一次业务会议之后，我给领导者写了一封正式的信件，其中总结了他在会上提出的意见以及此次会议达成的共识。然后我又写了一张非常私人化的便条，告诉他："格里，昨天你的发言非常精彩。你们部门的一切都进展得非常好，只是生产力没有达到应有的水平，所以你还需要加把劲。"这只是一张便条，只花了我五分钟，但收到它的人却从中感到莫大的鼓舞，他们将其保存起来，甚至当作炫耀的资本。

在某位经理遇到麻烦的时候，威胁解雇是一种非常不可取的方法——你要做的是对其进行鼓励，并帮助他解决问题。如果你已经与自己的下属建立了良好的私人关系，做到这一点将非常容易。所以，我建议你一定要想尽办法保持与他们的这种关系。比如有一天，你接到了一个电话，对方告诉你："有一家公司希望我能到他们那里上班。"你了解这个人，他也了解你。这时你就可以说，"萨姆，为什么呢？你在这里发展得很好啊，前程似锦，一帆风顺"，等等。大多数情况下，你都能留住对方。如果没有建立私人关系的话，对于别人来说，你只是一个名字。

建立私人关系与个人魅力没有任何关系。对于一个希望与别人成为朋友的人来说，你不一定要魅力十足，也不需要推销员的口舌。别人可能并不关心你的个人性格，但你需要表现出足够开放的胸襟和积极的态度，轻松随和的态度，再加上一丝幽默感。业务会议可以是一次非常轻松真诚的交流，大家不一定个个如临大敌。你需要证明的只有一点：你关心那些为你工作的人。只要能做到这一点，无论个人的性格如何，你都能与别人建立良好的个人关系。

* * *

当一位领导者准备开展一个新项目的时候，这种私人关系就显得更为重要。商业社会就是如此，许多优秀而重要的创意开始的时候总是声势浩大，但六个月或一年之后就可能被抛之脑后了。为什么呢？因为在商业组织里面，经理们总是不喜欢那些浪费时间而结果又不确定的项目，对于这样的项目，他们可以非常轻易地放弃。"和上个月的那个计划一样，"他们会说，"我们迟早会放弃的。"这种思想导致的结果是：公司浪费了大量时间、金钱和精力，领导者失去了人们的信任，也对自己与下属的私人关系带来了一层阴影。

领导者的个人参与、理解和承诺是克服这种消极（在很多情况下甚至是积极的）抵触情绪的必要条件。因为启动一个项目之前，领导者不仅会对该项目的美妙前景大肆渲染，还会清楚地定义它对于本组织的重要意义。通常情况下，只有当他对一个项目真正理解，并清楚地知道该项目可能带来的收益时，他才会有这种表现。此后，他会对整个项目的进展情况进行跟进，确保每个人都采取了积极的态度——当然，前提是他对实施过程中可能出现的问题已经有了清醒的认识。在跟进的过程中，他需要和从事实际工作的人进行交流，并一次又一次地申明自己对该项目的信心和态度。

拉姆：20 世纪 90 年代中期，一位朋友向杰克·韦尔奇介绍了一种能够使制造过程中的存货周转呈量级增长的方法。当时只有很少的企业领导者理解存货周转的重要意义。这位朋友说，如果能够提高整个公司存货周转的话，通用电气将能够产生大量的现金。他给了韦尔奇这种方法的实践者的名字，美标公司（American Standard）的 CEO 爱玛纽尔·坎布里斯。当时美标公司的存货周转率每年大约为 40 次，相比之下，普通公司的存货周转率仅为 4 次。

韦尔奇大为欣喜，但他并不满足于仅得到这个概念，他希望能对这种方法有更清楚的认识。为此，他亲自拜访了坎布里斯，并和他进行了长达几个小时的谈话。

然后他又来到了工厂仓库进行实地考察，并应邀在美标公司进行了一场演讲。在接下来的宴会期间，他坐在坎布里斯的两位经理之间，一位来自巴西，一位来自英国，他们的工厂年存货周转率分别高达33次和40次。韦尔奇整个晚上都在向他们询问一些细节性的问题——他们使用什么工具，工厂内部的组织结构如何，他们是如何克服阻力成功地在组织内部推行这种方法的，等等。

难道这位通用电气的主席不能把时间花在更有意义的事情上面吗？当然不是！通过这种参与，韦尔奇了解了在通用电气推行这种方法可能需要的代价，他了解了这种方法对主管的要求，以及所需要的资源。这些工作都是非常有意义的，因为只有这样，他才能尽快将这种方法应用到自己的组织当中。到2001年韦尔奇退休的时候，通用的存货周转率已经达到了每年8.5次的水平。

实事求是

实事求是是执行文化的核心，但对于大多数组织来说，员工常常是在尽量避免或掩盖现实。为什么呢？因为实事求是的态度有时会使生活变得非常残酷。没有人喜欢打开潘多拉的盒子，他们总是希望能够掩盖错误，或者拖延时间来寻找新的解决方案（而不愿意承认自己此刻没有找到任何答案）。他们希望能够避免对抗，大家都希望汇报好消息，没有人愿意成为制造麻烦、对抗上级的倒霉蛋。

企业的领导者也是如此，当我们要求领导者们描述自己企业的优势与弱点时，他们总是对自己的优势夸夸其谈，而对于自己的弱点，总是讳莫如深。当我们问对方准备采取什么措施来改进自己的弱点时，答案总是含糊其辞。他们会说："我们必须实现目标。"当然，你应该尽量达到自己制定的目标，但问题是你准备采取什么具体的措施。

当美国电话电报公司兼并一些自己根本无法经营的光纤企业的时候，它所采取的是一种实事求是的态度吗？显然不是。理查德·托曼在没有足够人力的情况下在施乐公司同时发起两个大规模改造的时候，他采取的是一种实事求是的态度吗？也不是。

如何使自己在做出任何决策的时候，始终把实事求是的态度放在首位呢？首先，你自己必须坚持实事求是；其次，要确保组织中在进行任何谈话的时候，都把实事求是作为基准。

拉里：坚持实事求是就意味着你必须用一种客观的态度来看待自己的公司，尤其是在拿自己的公司与其他公司进行比较的时候。你一定要非常清楚地了解公司当前所发生的一切，同时要放开眼界，在衡量自己进步的时候，把眼光放在与其他企业的对比之上，而不是仅仅局限于本企业内部。你不能把自己的关注点停留在"我今年取得了什么进步"这样的问题上；你应该问："和其他公司相比，我们公司目前的状况怎样？它们是否取得了更大的进步？"这才是一种真正的实事求是的态度。

在现实的商业运营中，我们吃惊地发现，很多人在分析问题的时候并未采取实事求是的态度，因为这样会让他们感到不舒服。比如说，在接管联信公司的时候，我发现员工和客户对公司的评价截然不同。公司员工认为我们的订单执行率是98%，而在客户看来，我们的订单执行率只有60%。可笑的是，在面对这个问题的时候，大家似乎都没有把关注点放在如何提高我们的订单执行率上面，相反，我们似乎认为客户错了，而我们的数据才是正确的。

在我访问工厂时举行的圆桌会议上，我提出了这样一个问题："在我们当前的工作中，有哪些是正确的，哪些是错误的？"接着我问道："你们喜欢霍尼韦尔的哪些地方，而哪些地方是你们认为应当改进的？"有些人只是提出了抱怨，还有一些人选择了私下交流的方式。我对他们的反应一一做了记录，然后把记录转给了经理。

在培训中心访问管理人员的时候，我首先进行了大约10分钟的演讲，接着回答了一个半小时的问题，然后又和每个人握了手，并向大家提出了我在圆桌会议上提出的相同问题。就这样，在离开的时候，我已经成功地使每个人都理解了到底什么是实事求是。他们回去以后告诉自己的上司："你知道吗，我见到了博西迪，并告诉他公司目前出现的问题。"因此他们的上司也知道我已经知道了问题所在。

学习永远是一种双向的行为。比如，我知道了当两个企业缺乏协作的时候就会导致收入的减少，或者一项重要的提议在某些部门中并没有得到切实的重视。另外，我所交谈的对象也得以对公司有一个整体的了解——他们知道公司目前的进展情况以及存在的不足。

设定明确的目标并排出优先顺序

执行型的领导者通常更为关注一些每个人都能把握、清晰的目标。为什么只有"一些"呢？首先，所有懂得商业逻辑的人都明白这样一个道理：把精力集中在三四个目标上面是最有效的资源利用方式。其次，当代组织中的人也需要一些明确的目标，因为这正是一个组织得以正常运行的关键。在传统的等级分明的公司里，这并不是一个问题——这些公司的人一般都知道自己的任务，因为各种命令会通过一条清晰的链条直接传达到每个人身上。而当决策过程被分散的时候，比如说在矩阵型组织当中，各级相关人员就要进行一定的取舍和选择。因为在这种情况下，部门之间将存在对资源的竞争，而决策权和工作关系不清晰的问题也在很大程度上增加了人们进行选择的难度。在这种组织中，如果没有事先设定清晰的目标顺序，各级部门之间在进行决策时很可能就会陷入无休止的争论。

有些领导者宣称，"我已经设定了十个顺序清晰的目标"，这些人其实并不知道自己在说什么——他自己根本不知道什么是最重要的事情。作为一名领导者，你必须为自己的组织设定一些顺序清晰而又比较现实的目标——这将对你公司的总体绩效产生非常重要的影响。

比如，朗讯公司 2002 年度的主要目标就是坚持下去，一直坚持到市场需求恢复到以前的水平。当它的债务积累到一定程度的时候，愿意给它贷款的银行就越来越少，这使得它几乎无法及时支付现有债务的利息。所以，当时朗讯公司第一个任务应该是减少现金开支。这就要求它把应收款项和存货降到最低水平，出售那些自己并不真正需要的资产，将一些制造工作外包给其他公司，并最大限度地降低成本。它的第二个任务就是做好客户服务工作，从而为自己建立一个可靠的收入基础。这些目标应该清晰地传达给公司的每一名员工，并进而成为公司日常运营的指导准则。

设定清晰的目标之后，你的下一个任务就是简化。那些执行型领导者的讲话总是非常简单而直接。他们能够简洁地阐述自己正在思考的问题和建议，而且他们知道如何对自己的想法进行简化，从而使每个人都能很好地理解、评估和执行，并最终使这些想法成为组织内部的共识。

有时为了明确目标顺序，你需要彻底改变自己以往的视角。2000年8月，世界最大的零售连锁集团任命了一名新CEO。当时的形势非常严峻，竞争对手咄咄逼人。沉浸在"革命性"的愿景目标当中的这家连锁集团一味把自己的目标放在电子商务和其他一些类似的目标上面，这就使它放弃了对自己核心业务的关注。公司股票价格因此一落千丈，一年之内下降了2/3。

公司高层管理团队敦促新CEO建造更多的商店，以此来挽救公司的衰运。但这位来自一家执行型企业的CEO果断地坚持了自己的立场，他认为公司目前的问题正在于目标不够集中，建造更多的商店只会使这一问题变得更加严重。有鉴于此，他把改进现有商店的业绩水平放到了更加优先的位置上，集中公司所有的人力物力来提高总边际利润额和可比销售额（也就是说，相比较而言，同一家商店的销售额应该是不断增长的）。

为了实现这些目标，他重点采取了三个步骤。首先，他向十位直接向自己汇报的下属解释了这些目标，并和他们就具体的实施方案（如何实现这些目标，需要克服什么困难，应当如何改革激励系统等）展开了讨论。然后他召集 100 名商店执行官举行了一次为期两天的研讨会。在会上，这位 CEO 清晰地向执行官们阐述了公司目前的情况，这种情况产生的原因，以及应该如何摆脱这种情况，并实现更高的增长；哪些因素，比如说物流，正在影响着公司的成本结构；商店和营销部门之间存在着哪些配合上的问题，这些问题会给公司带来什么影响，等等。他为公司下个季度的工作设定了非常明确的目标，并与大家一起讨论了实现这些目标的具体方案。在执行官们离开之前，每个人都为自己随后 90 天的工作制订了明确的计划。最后，他又为公司的几百名营销部门负责人和商店经理举行了一次类似的研讨会。

这一系列的改革措施最终结出了丰硕的成果，截至 2001 年 12 月，这家公司的总边际利润得到了巨大的提高，而它的股票价格也实现了近一倍的增长。

持续跟进，直至达成目标

如果没有得到严肃对待的话，清晰而简洁的目标并没有太大意义。很多公司都是由于没有持续跟进而白白浪费了很多很好的机会——这也是执行不力的一个主要原因。想一下，你每年要参加多少没有结果的会议——人们花了很多时间进行讨论，但在会议结束的时候却根本没有做出任何决策，更没有得出任何确定的结果。每个人都对你的提议表示同意，但由于没有人愿意承担执行的任务，你的提议最终还是没有产生任何实际的结果。出现这种情况的原因有很多：可能公司遇到了其他更重要的事情，也可能大家认为你的提议并不好。（也可能他们在会议当时就这么认为，只是没有说出来罢了。）

比如，由于2001年经济萧条的影响，一家高科技公司的收入下滑了20%。公司CEO评估了一个重要部门修改后的运营计划书，之后他向该部门主管表示祝贺，因为他们已经成功地改变了成本结构，并因而有效地降低了成本，但同时他也注意到：企业仍然没有达到自己的投资回报目标。接着他提出了一个可能的解决方案。他刚刚了解了流动性的重要性，所以他建议该部门应该与供应商大力协作，提高存货周转率，从而实现真正的收益。"你们准备采取什么措施？"他问采购经理。这位经理回答说，他可以完成任务，但前提是必须得到工程设计部门的帮助。"我需要20名工程师。"经理说。

CEO然后转向工程部门副总裁，问他是否能够分配一些工程师来完成这项工作。工程部门副总裁想了半分钟，然后冷冷地说："工程师们根本不愿意听采购部门的使唤。"CEO盯着这位副总裁，似乎在考虑什么问题，最后他说："我希望你最迟星期一能够抽派20名工程师来完成这项任务。"随后他向着门口走去，突然转过身来，看着采购主管，说道："我希望你能够设法在你、工程设计部门、CFO、我以及制造部门经理之间建立一种每月的电视会议制度，从而我们可以及时了解采购部门工作的进展情况。"

这位 CEO 做了些什么呢？首先，他解决了采购部门和工程设计部门的冲突，扫除了实现目标路上的障碍。其次，通过建立一种持续跟进的机制，确保了每个人，包括那位态度消极的工程设计部门副总裁，都能够意识到并切实完成自己的任务。而且通过这些行为，他也向公司其他人传达了一个敦促行动的信号。

赏罚分明，重奖业绩优秀人员

如果你希望自己的员工能够完成具体的任务，你就要对他们进行相应的奖励。这似乎是毫无疑问的，但许多公司却没有意识到这一点——在这些组织当中，员工们得到的奖励似乎和他们的表现并没有什么关系。无论是从奖金数额还是从股票期权的角度来说，它们都没有在那些完成任务和没有完成任务的员工之间做出明确的区分。

拉里：经过长期观察，我发现那些不具备执行型文化的公司根本没有采取任何措施来衡量、奖励和提拔那些真正有能力的员工。就薪酬增幅而言，那些表现优异的员工和表现不佳的员工之间并没有太大差别。在这些公司当中，领导者们甚至都无法向那些表现优异的员工解释为什么他们的薪酬没有达到自己的预期水平。

一位优秀的领导者应该能够做到赏罚分明，并把这一精神传达到整个公司当中，否则人们就没有动力来为公司做出更大的贡献，而这样的公司是无法真正建立起一种执行型文化的。你必须确保每个人都清楚地理解这一点：每个人得到的奖励和尊敬都是建立在他们的工作业绩之上的。

在第 4 章，我们将解释为什么许多公司没有做到我们所说的这种赏罚分明，以及执行型企业是如何做到这一点的。

通过教练辅导提高下属能力

作为一名领导者，你的成长过程实际上就是一个不断吸取知识、经验乃至智慧的过程，所以你工作的一个重要组成部分就应当是把这些知识和经验传递给下一代领导者，而且你也正是通过这种方式来不断提高组织当中个人和集体的能力。不断学习并把自己的知识和经验传给下一代领导者，这正是你取得今天成就的秘诀，也是你在未来能够引以为荣的资本。

教练辅导下属是提高其能力最重要的手段。我相信你肯定听说过这样一句话："授之以鱼，饱其一日；授之以渔，方可饱其终生。"这就是培训的意义所在。发号施令者和循循善诱者之间的区别也就在于此。优秀的领导者总是把自己与下属的每一次会面看成是一次指导的好机会。

拉姆：最有效的教练辅导方式就是：首先仔细观察一个人的行为，然后向他提供具体而有用的反馈。在进行教练辅导的时候，你首先需要指出对方行为当中的不足，这时你需要给出具体的例子，告诉对方他们哪些表现是正确的，哪些是需要改进的。

在对公司业务和组织问题进行小组讨论的时候，每个人都面临着一次学习的机会。通过共同分析问题，探求每一种解决方案的利弊，并最终做出能够让大家都接受的决策，这本身就是一个很好的学习方式。

教练一定要掌握提问的艺术。通过提出一些一针见血的问题，你可以迫使人们进行更为深入的思考和探索。下面是我在一家大型美国跨国公司的计划评估会议上观察到的现象。该公司的一位部门主管正在向大家阐述自己准备如何提高本部门在欧洲市场上的占有率（由原来的第三位提高到第一位）。这是一项野心勃勃的计划，而实现的关键就在于提高公司在德国市场上的占有率。"这是一次激动人心的演讲。"公司 CEO 总结道。但他同时注意到，德国正是该部门最强劲的一个竞争对手的总部所在地，根据当时的情况，再加上对方的规模是本公司该部门的四倍，"你准备采取什么具体步骤呢？"他问道，"你要争取的客户群体是哪些人？你准备用哪些产品来扩大市场份额，你有哪些竞争优势？"

显然，这位部门主管并没有考虑到这些问题。然后 CEO 开始进一步衡量该部门的实际能力。"你们有多少销售人员？"他问道。"十名，"部门主管回答说。"你们的主要竞争对手的销售人员数量是多少？"答案是（他的声音如此之小以至于我几乎无法听清）"200"。CEO 的最后一个问题（与其说是一个问题，倒不如说是一句陈述）是："现在你的部门的德国分部由谁负责？他不是几个月前刚调过去的吗？你在制订计划之前征求过他的意见吗？"

仅凭这几个简单而挑剔的问题，这位 CEO 已经充分暴露了该部门战略中的不足，而在实际操作中，这些不足足以毁灭整个计划。

许多 CEO 可能会选择在这时结束谈话，结果会让部门经理非常难堪。但事实上，这种做法恰恰使他们失去了一个很好的教练辅导机会，而 CEO 们本可以利用这个机会对部门经理做出恰当的教练辅导，帮助他们在事业上取得进步，同时也能够把公司进一步推向前进。幸运的是，我们这里谈到的这位 CEO 的目标就是教练辅导他的团队制订出符合实际的战略计划。

"我有些提议或许能够帮助你实现这个计划，"他说道，"我建议你们先把市场细分化，然后找出竞争对手的弱点，再尽快将你们的计划付诸实施，从而赢得竞争优势。对方的产品线中存在哪些缺口？你能否设计出一些新的产品来填补这些缺口？能不能设法争取到那些可能会对你的新产品感兴趣的客户？"

在会议结束的时候，该部门主管由于受到了足够的激励，同意重新制订一份计划，并于 90 天后拿出了一份新的、比较现实的计划书。在这个过程中，每个人都了解了整个战略步骤的分析过程。

* * *

这个原则也适用于私下的个人教练。无论你的个人风格是温和还是直爽，你的目标都是要提出一些针对现实的问题，并在适当的时候给予人们一些必要的帮助以解决他们所面对的问题。

拉里：比如说你有一位非常能干的下属，他能完成所有的指标，兑现所有的承诺，但他的行为却非常糟糕。查理需要自己的员工每周工作七天，尽管如此，他还是牢骚满腹，并发誓自己绝不雇用一位女性。对于这样的人，你应该把他叫进自己的办公室，对他说："我很欣赏你，查理，但你目前的表现将给你以后的工作带来非常大的障碍。人们无法长久容忍你的这种工作风格。你现在有两个选择，或者接受我的建议，改变你的行为；或者另谋高就，也就是说，你离开这家公司。"

查理可能认为自己的行为并没有那么糟糕。这时你就需要提供一些证据："好，我这里已经收到了十个人的投诉，大家都对你的行为表示不满。难道他们都错了吗？你难道不是每个周末都在让他们加班吗？根据我这里的记录，他们每个人都表示自己曾在星期六和星期天的时候被迫在这里加班。我告诉他们，'我不希望你们周末的时候还在这里工作'。你要我向大家撒谎吗？""不。""好，那你承认自己的行为有问题了，是吗？""是。""好，下面让我们想想该如何解决这个问题。到目前为止，你的行为还没有给公司带来任何灾难性的影响，但你必须改正自己的行为。"

有时，像查理这样的人确实能立即更正自己的缺点，但并非所有的人都能做到这一点。如果他们不能的话，我建议你还是让这些人尽快离开，因为他们最终将给公司带来灾难性的后果。所以问题的关键并不在于他们是否完成了自己的任务，关键在于他们的行为。

对于一个希望提高自己能力的人来说，教育是一个非常重要的部分——如果处理得当的话。许多公司没有清楚地看到这一点，它们只是一味地为管理层提供品目繁多的管理培训课程，然后尽可能多地让自己的员工接受这方面的培训。

我知道有这么一家公司，其中每位有资格拿红利的经理都接受过执行官培训项目课程，但对其中50%的人来说，这是一种巨大的时间浪费。在进行培训之前，你需要判断哪些人真正需要接受培训，哪些人能够真正从自己接受的培训中受益，你所举行的培训的具体目标是什么，你希望提高整个组织在哪一方面的能力。

在霍尼韦尔，我们的学习项目都是根据人们所需要提高的技能而制定的。其中一些培训的主题是人们所必须掌握的工具，比如说，六西格玛、数字化，由自我指导小组来对一个工作单位中的原料流进行管理，等等。另一些培训项目的主题稍微广泛一些，比如说一些执行官培训项目。人们最容易掌握的知识是他们最为需要的那些知识。所以在进行培训之前，我们通常要求人们首先找出公司目前面临的三四个问题，然后让他们组成学习小组来解决这些问题。

记住，80%的学习都是在教室外进行的。每一位领导者和监管人员都需要成为一名老师，教室学习只能给予他们所需要的工具。

了解自己，展现出勇敢、决断、务实的性格

每个人都至少在口头上承认一个组织的领导者必须个性鲜明、求真务实。作为一名执行型领导者尤其如此。如果没有我们所谓的情感强度的话，你根本就不可能诚实地面对自己，也无法诚实

地面对自己的业务和组织现实，或者对人们做出正确的评价。你将无法容忍与自己相左的观点，而这一点对于一个组织的健康发展其实是非常必要的。如果不能做到这一点，你就不可能建立起一种执行型文化。

要想获得真实的信息，你必须具有一定的情感强度，也就是说，无论喜欢与否，你都要面对现实。情感强度将使你有勇气接受与你相左的观点，有勇气去鼓励和接受小组讨论中出现的分歧。它将使你接受和改正自己的不足，适当处理那些不能完成自己任务的下属，并果断地处理一个快速发展的组织中许多不可避免的问题。

拉姆： 你肯定已经注意到，那些最优秀的领导者通常并不是组织中最聪明的人，甚至也不是那些对自己所处的行业最为了解的人。那么，到底是什么力量使得这个人成为领导者，而那些能力比他更强的人反而对其俯首听命呢？

在回答这个问题之前，让我们先分析一下这样一位执行官的行为。他是我曾经工作过的一家大公司的 CEO，手下有两名副总裁直接向他汇报工作。其中一位年事已高而且非常值得信任，他负责公司 60% 的业务，对 CEO 绝对忠诚。但随着年龄的增长，他的能力也开始呈现下降的趋势。这位 CEO 知道这一点，但他就是无法下定决心让这位副总裁离职。（这种情况已经不是第一次出现了，上一次是由其他人来代他解决了同样的难题。）最终，董事会命令 CEO 解雇这位副总裁。显然，在这个过程中，CEO 的权力被架空了，结果不久之后，这位 CEO 也被迫离开了这家公司。

这位 CEO 是一位非常聪明的人，每个人都喜欢和他交朋友，而且他对自己的行业相当了解，但问题是他缺乏情感强度——他在情感上的脆弱使得他无法解雇那位副总裁，而这正是导致他失去工作的直接原因。心理学家们发现，情感上的脆弱可以使一个人失去采取必要行动甚至是做出正确判断的能力，而这些能力往往是一名领导者所必需的。这种情感上的脆弱会使领导者产生一种尽量避免冲突、延迟决策或责任不明的心理，因为他们总是不希望不愉快的事情发生。而如果情况发展成为另一个极端，领导者们可能就会很容易侮辱他人，榨干组织的能量，并使整个群体产生一种互不信任的气氛。

* * *

情感强度来自于自我觉察和自我控制，这也是各种人力资源管理技巧的基础。优秀的领导者总是能够清楚地了解自己下属的优势与弱项，并能够最大限度地帮助他们发挥自己的长处，改正自己的缺点。他们之所以能成为领导者，其原因就在于那些跟随者能够看到他们的内在优势、自信和帮助团队成员实现目标的能力，同时提高他们各方面的水平。

一个能够长期成为领导者的人一般都有一套自己的伦理标准，这正是他拥有足够的力量来完成甚至是最艰难任务的源泉所在。这样的人绝对不会放弃自己的信念。这种性格已经远远超越了我们通常所说的以诚待人的道德范畴，它已经升华为一种商业领导者所共有的伦理规范。

当今组织中的领导者或许能够暂时地克服自己情感上的弱点，但这绝对不意味着他们已经解决了情感强度的问题，因为他们终究无法长时间地掩盖自己固有的缺点，而这些人又不得不时刻面对情感方面的挑战，所以问题最终还是无法避免的。无法战胜这些挑战就意味着他们将无法达到自己预期的目标。因为落实任务需要执行者具有一系列行为方面的特点，而如果一个人缺乏情感方面的强度，他将很难形成这些行为习惯，无论是对自己还是对别人而言。如果大家都不能实事求是地面对组织中存在的问题，你的组织怎么可能制订出符合实际情况的战略计划呢？如果领导者们没有勇气和自信解决组织中的冲突，或者是提出善意的批评，整个组织怎么可能建立一种实事求是的文化呢？如果一个小组的成员都不能坦率地承认自己对很多问题都没有答案，这个小组就根本无法改正自己的错误，更谈不上做出任何改进了。

要做到量才适用，领导者必须具有一定的情感强度。对表现不佳者姑息纵容几乎是所有公司的通病，而这在大多数情况下都是领导者缺乏情感强度的结果。如果没有一定的情感强度的话，你将很难聘请到真正优秀的人。因为如果你足够幸运，能请到比你更优秀的人的话，他们将会给你的组织带来许多新的想法和活力。通常情况下，一位缺乏情感强度的经理很难聘请到这种人才，因为他们不希望有一位更加强干的下属来威胁自己的权力。为了保护自己脆弱的权威性，这些经理通常会请一些他认为比较忠诚的人，而排斥那些敢于提出新创意、对其形成挑战的人。但实际上，这种情感上的脆弱最终将使这位领导者的前途和整个组织的命运毁于一旦。

根据多年的工作经验以及对许多组织的观察，我们总结出了情感强度的四个核心特质。

真诚 在心理学当中，"真诚"这个词的含义非常简单：率真坦白而不虚伪造作，言行一致，做到真正的表里如一。只有真诚才能帮助建立信任，因为虚伪的人迟早会被人们揭下面具。

无论你所遵从的是一套什么样的领导伦理，人们都会首先观察你的行为。如果发现你言行不一的话，他们就不会以真诚的心态来对待你，在这种情况下，那些最优秀的员工会失去对你的信任，最糟糕的员工很可能效仿你的做法，而处于二者之间的则会采取一种明哲保身的态度。这最终将发展成为建立执行文化的一个巨大障碍。

自我觉察 认识你自己——千百年来，这一直是古人向我们提出的最伟大的建议，它其实也是真诚的核心。只有当认识自己之后，你才能客观地评价和对待自己的优点和缺点。你知道自己行为上的不足之处以及情感上的缺陷，而且你也有方法来克服这些不足——取人之长，补己之短。自我觉察使你能够从失败中总结教训，它将使你能够不断成长。

在一种强调实干的执行文化当中，自我觉察就显得更为重要。因为很少有领导者能够在成为一个人力资源专家、战略专家和运营领袖的同时，还有时间亲自与客户交谈，并完成其他分内的工作。但知道了自己的不足之处后，你至少可以从自己的同事那里寻求帮助。实际上，一位不了解自己短处的人也很难充分发挥自己的长处。

自我控制　自我控制意味着你能够克服自己的缺点，做到真正对自己的行为负责，能够随着环境的变化对自己的行为和心态进行调整，善于接受新事物并能够始终如一地坚持自己的道德准则。

自我控制是建立真正自信的关键——注意，我们在这里讨论的是一种真正的、积极的自信，而不是那种通过掩盖弱点而表现出来的狂妄自大和造作的自信。

真正自信的人通常都比较善于和别人交谈，因为这种人通常内心都有一种安全感，从而使得他们敢于了解乃至接受未知的事物，并能够顺应环境的变化采取及时的变革措施。他们明白自己并非无所不晓；他们通常都对事物充满了好奇心，能够在讨论的过程中鼓励对方提出与自己不同的观点，并学会在争论的过程中不断学习。他们愿意承担风险，并敢于聘请那些比自己聪明的人。所以在遇到问题的时候，他们永远都不会束手无策，因为他们相信自己肯定能解决眼前的问题。

谦虚　对自己认识得越清楚，你就越能够采取一种现实的态度解决问题。因为你已经学会了倾听别人的意见和建议，并承认自己并不知道所有问题的答案。在与别人交往的过程中，你表明了一种可以随时随地向任何人学习的态度。你并不会因为骄傲而放弃收集那些有助于你成功的信息，更不会因此而不愿与别人分享荣誉。谦虚的心态使你直面自己的错误和不足。错误是在所难免，优秀的领导者总是能够承认错误并从中总结教训，这些错误最终将成为一种财富，成为领导者们在未来进行决策时参照的依据。

拉里：毫无疑问，没有一位领导能够保持不犯任何错误，重要的是要善于从自己的错误中学习。扬基队的经理乔·托里曾三次被自己的老板解雇，可他现在已经成了该领域中的偶像人物。

在《杰克·韦尔奇自传》(*Jack: Straight from the Gut*) 一书中，杰克·韦尔奇坦率地承认自己早年时曾经在用人方面犯过很多错误。他当时的很多决定都是凭直觉做出的，然而一旦发现自己错了，他就会说："我错了。"他会反省自己犯错的原因，倾听别人的意见，寻找更多的资料，找出自己的不足之处，并最终改正自己的缺点。通过这种方式，他的能力一步步得到了提高。在这个过程中，他还意识到，在出现问题的时候一味埋怨别人是没有任何意义的。恰恰相反，这通常是对这些人进行指导、鼓励和帮助的好机会。

* * *

如何培养我们以上谈到的这些品质呢？当然，关于这方面的书可谓汗牛充栋，其中很多都有很好的借鉴意义。许多公司包括通用电气和花旗银行，都在自己的领导培训项目中包含了这些自我评估的工具。

但最终的学习还是来自对实际经验的关注。回想经历或接受指导本身就是建立情感强度的过程。有时观察别人的行为也能给你带来顿悟，可能这也正是我需要改进的地方吧。无论通过哪种方式，在获取自我评估经验的过程中，你的个人能力都会得到某种程度的改进。

这种学习并不是一种智力上的练习。它要求一定的耐心和恒心，需要你切实将其贯彻到自己的日常生活中。它要求你能够对自己的行为进行不断的反省和调整。但根据我的经验，一旦一个人培养了这种能力，他就能够无限地进行自我改进，使自己的能力得到提高。

企业领导者的行为最终将成为整个组织的行为，因此从某种意义上来说，领导者的行为是整个企业文化的基础。在第 4 章，我们将就一个新的组织文化变革框架进行详细讨论。

第4章

基石二：建立文化变革的框架

当一家企业出现问题的时候，领导者的第一个反应就是要对企业文化进行变革。的确，这种领导者的高明之处就在于他们意识到了企业"软件"部分（人们的信念和行为习惯）的作用丝毫不亚于硬件部分，比如说组织结构等。无论是战略上的变革还是结构上的调整，它们所能给企业带来的改进都是有限的。我们知道，如果没有适当的软件，再好的硬件配置也无法帮助一台计算机完成预期的任务。同样，在一个组织当中，如果软件部分（人们的信念和行为习惯）没有到位，硬件部分（战略和结构）也无法真正发挥作用。

大多数进行文化变革的企业之所以失败，其原因就在于它们没有成功地将文化与企业的实际业绩结合起来。文化变革是一种非常模糊的概念和工具，它通常与企业的战略和运营现实没有直接的联系。为了改变一个企业的文化，你需要一套完整的流程——互动沟通机制（social operating mechanism），来改变那些直接影响企业绩效的工作人员的信念和行为。

本章我们将向大家展示一种新的企业文化变革框架，这种框架完全建立在现实的基础之上，从而能够真正在企业内部形成一种执行文化，而且，这种方法非常实用，它所带来的效果也是可以直接衡量的。

首先我们有一个非常简单的前提：只有当你的目标是完成任务的时候，文化变革才可能真正实现。还有一点需要说明的是，这种框架其实非常简单，所以你根本没有必要事先研究任何复杂的理论或进行任何烦琐的员工调查——所需要的就是改变那些能直接影响企业效益的员工行为。首先你应该清楚地告诉人们公司的目标是什么，然后你会与大家一起讨论实现这些目标所应当具备的条件，并把它作为指导过程的一个重要环节。一段时间之后，你应当对那些做出贡献的人进行奖励；如果他们没有实现预定目标的话，你应该对他们进行更多的教练辅导，取消奖励，调换工作岗位，或者是让他们离开。在这个过程中，你实际上就已经为自己的企业建立了一种执行文化。

拉姆：前不久我参加了位列《财富》前 20 名的一家企业的某个部门会议。该部门大约拥有 20 000 名员工，它是 2001 年同一行业中两大公司合并的产物。它拥有一个新的领导团队，这次会议是该部门的第二次会议。此次会议的核心议题是如何建立一种新的企业文化以提高该部门的效益。当时该部门的资本回报率不足 6%，股东价值受到极大损害。新任 CEO 明白，合并所带来的成本节约并不足以将部门业绩提高到一个令人满意的程度。

在合并之前，两家公司都没有确立一种明确的责任意识，每个人都对自己的职责和奖罚标准不甚清楚。由于一直都是采用一种被称为团队作业的工作方式，每个管理团队都无法取得理想的业绩，公司所占市场份额日趋下降。由于物流成本高于竞争对手，公司的投资回报率也不能达到令股东满意的水平。这本应该是物流部门主管的责任，可实际上，该部门主管和其他表现优异的管理人员所得到的待遇并没有任何差别。

为了实现文化变革，该部门聘请了一家咨询公司来进行专门的文化诊断。咨询人员首先要求填写一份针对企业价值观（如诚信、诚实等）、决策民主程度以及权力分配状况等问题的大约有五六十个题目的问卷，然后根据问卷结果进行了一次标准的文化分析。最后，咨询人员给出了一份调查报告，结构工整，形式讲究，但没有谈到该部门应采取何种措施来改变员工的信念和行为，并最终取得实际的效果。

在很长的一段时间里，会议一直处于一种无序的状态，直到最后，该部门 CEO 提出了一个问题，才把整个讨论引入正确的方向，"如果把变革文化当作目标的话，我们首先应该解决的问题是什么？"

一名成员回答道："怎么变革？"另一位说道："对其进行改进。"接着有人说道："从什么状态改进到什么状态？"我们可以看到，讨论开始进入实质性阶段。

CEO 将团队分为六个人一小组，要求每个小组找出十个"从什么状态到什么状态"这一问题的答案。这些小组开始给出了一些比较模糊的答案："从非执行文化到执行文化""从停滞不前到不断改进""从以国内市场到以国际市场为导向"。很明显，这些答案都缺乏具体性。

这位 CEO 然后要求各小组给出一张具体的问题列表，从而回答这样一个问题：什么样的变革能够使部门中主要工作人员的行为发生改变，并对其他人的行为产生影响，从而最终改变整个组织的行为。当注意到大多数人都不能给出足够具体的答案，这位 CEO 采取了一个新的方法：他把领导团队重新分为几个两人小组，要求每个小组描绘出本部门目前的文化特点以及未来文化的特点。

各小组很快就这一问题给出了统一的答案：提高责任感应当是企业目前所进行的最重要的变革。然后 CEO 问道："从哪里开始呢？"答案是"我们自己"。然后 CEO 又问："你们愿意真正担当起必要的责任吗？"整个团队陷入了沉默。"但如果你们不能以身作则的话，我们整个组织当中的其他人会怎么想？"这个问题根本不需要回答。

最后一个问题是，"在改变了我们自己的行为之后，我们接着应该做些什么？"人力资源部门的主管说道："将新的行为准则传达给公司 20 000 名员工。"这位 CEO 接着问道："如何才能使每个人都自觉地改变自己的行为呢？首先，从现在开始，我们每个人都要学会承担起自己的责任。在做到这一点之后，我们的下一个步骤就是让本部门的 300 名经理也学会切实承担起自己的责任，否则我们就不可能让部门的 3 000 名主管和 17 000 名员工体会到执行文化的真正含义。"接着大家就具体的执行步骤展开了讨论。大家最后一致同意：应当将持续跟进、反馈、奖励等行为与每个人的业绩和行为具体联系起来，让每一位经理和员工职责明晰、各负其责。

行动导向的文化

相信大家都听说过这样一句话：思考并不能使我们养成一种新的实践方式，而具体的行动却可以帮助我们形成一种新的思维方式。

要想通过具体行动形成一种新的思维方式，首先你必须真正理解"文化"一词的含义。从根本上来说，一个组织的文化就是其成员所共享的价值观念、信念和行为规范的总和。许多决定改变一个组织文化的人通常首先会考虑到要改变该组织中的价值观念。这种观点是完全错误的。价值观是组织当中一些基本的原则和标准，比如说诚信或对客户的尊重，这些更可能需要强化，而不是改变。当人们，特别是企业的高级主管，违反了公司某些基本价值观的时候，领导者就会公开地对这些违反者进行惩罚，否则就说明领导者本人缺乏必要的情感强度。

能够影响到组织具体行为的信念可能更需要变革。这些信念的形成因素有很多，比如说人们所接受的培训、他们个人的经历、他们对公司未来的理解以及他们对领导者言行的观察，等等。只有当这些因素发生变化，从而使人们相信自己以前的观察和观点是错误的时候，他们的行为才会发生真正的变化。比如说，如果一个组织中的人相信自己所处的是一个毫无前途的正在走向衰落的行业，他们就不会投入更多的时间和精力来谋求在这个行业中的发展。如果他们相信许多在工作业绩上不如自己的人却得到了和自己一样的奖励，他们就不会有动力做出更大的成绩。

迪克·布朗在 EDS 的主要任务之一就是通过改变人们的信念和行为来改变整个组织的文化。在 2000 年举行的一次公司高级领导层会议上，他要求人们总结出在过去五年时间里一直在公司占主导地位的信念，以及公司需要在今后五年时间里建立和接受的新信念。一番讨论之后，各小组最后给出了下面的列表：

EDS 传统的信念

- 我们是一家商品公司。EDS 所处的计算机服务外包业是一个增长缓慢且发展达到饱和状态的行业，该行业的竞争非常激烈，各企业之间所提供的服务具有很高程度的趋同性，从而导致大家的边际利润都很低。

- 我们无法扩大自己的市场份额。作为一个商品行业中的最大玩家，EDS 很难实现较大的利润增长。

- 利润总是与收入成正比。如果 EDS 能得到更多的业务，它就能实现更高的利润。（这种信念必将导致对资源的错误分配。）

- 每位领导都拥有所有的资源——关键是控制。每个部门都拥有绝对的自治权。（这种信念使得部门之间的合作变得几乎不可能。)

- 同事就是竞争对手。(和上一条信念一样,把自己的同事看成竞争对手是整个组织成功的一个巨大障碍。内部的竞争有时甚至可能带来毁灭性的结果。你的战场应当是市场,而非隔壁的办公室。团队协作的关键就是要开诚布公地彼此分享资源,这是企业在市场竞争中战胜对手的关键所在。)

- 人们普遍缺乏责任感。("这不能怪我。")

- 我们比自己的客户更了解自己的产品和服务。

- 我们的员工能够告诉客户他们需要什么样的解决方案。(这使得 EDS 的服务人员不能真正倾听和重视客户的问题和需要。)

新的 EDS 信念

- 我们能够以比市场更快的速度发展——如果资金利用更加有效的话,这种发展将能够给我们带来更多的利润。

- 我们能够以年为单位来提高自己的生产力。

- 我们应当以客户的满意为己任。

- 我们需要提供更优质的服务。

- 协作是成功的关键。

- 每个人都应当确立明确的责任意识。

- 我们要更加重视客户的意见。

最后,第二张列表成为企业全体成员态度改进的日程表。

一旦转变为实际行动，信念就直接表现成行为，而行为又会带来具体的结果。从这一角度来说，行为又可以看成是思想与实际的具体联结点。在讨论行为的时候，我们实际上是在更多地讨论整体的行为规范，而非个体的行为特点。我们讨论的是公司大多数员工所接受和期待的行为方式，有些人将其称为"工作规范"。这些规范将直接影响到一个公司形成自己竞争优势的能力。

奖励与业绩挂钩

行为改变的基础是将员工的业绩与奖励挂钩，并使这种联系变得透明。一个企业的文化将定义该企业中员工所共同接受的价值观念。它告诉一个组织中的人哪些行为是被重视和尊重的，对于那些希望在事业上取得进步的人来说，这也正是他们需要大力改进的地方。如果一家公司能够真正地将员工的回报与他们的业绩挂钩，它的文化就会发生切实的改变。

但实际上，能做到这一点的公司可谓凤毛麟角。问题在哪里呢？

拉姆：虽然有些公司的领导者成功地在员工的奖励和业绩之间建立了直接的联系，但还是有很多公司没有做到这一点。我们一次又一次地看到，很多领导者甚至会毫无原则地对员工进行奖励。他们希望得到别人的爱戴，但他们却没有足够的情感强度来对员工做出客观诚实的评价，更无法取消奖励或对业绩不佳者进行惩罚。他们并不愿意按照人们的行为和表现给予奖惩。这种人所做的只是拖延、搪塞、为自己的行为编造借口。有些领导者甚至会主动为那些业绩不佳的员工创造新的工作岗位。结果，整个组织陷入一片混乱，大家被领导者的奖励政策弄得晕头转向。

在 EDS，迪克·布朗及时采取措施确保业绩优异的人能够比业绩不佳的人得到更多的回报。责任感的缺乏一直都是该公司的一个痼疾，所有的领导者都明白这一点，"业绩不佳不会给任何人带来不良的结果，"一位执行官说，"人们不仅不会因此受到惩罚，而且如果与领导者的关系好的话，即使那些对公司有害的行为也会得到原谅，因为他们总能把责任推到别人身上。"

针对这种情况，布朗建立了一套新的系统，从而将所有的主管都按照自己与同事的相对业绩排出等级，并根据每个人的等级进行相应的奖励。这就像杰克·韦尔奇在通用电气建立的"活力曲线"，通过这条曲线，他成功地将员工区分为 A、B、C 三个等级。

按照这种方式对员工进行评价有时会引起一定的争议，比如说有些经理人员会在评定等级的时候非常武断。但如果能够做到评选公正，并同时给予那些等级较低者一定解释的话，一次评选实际上就会成为一次很好的对员工进行教练辅导的机会，它能够帮助那些业绩不佳的员工进行改进，并最终在整个组织内部建立一种更加注重结果的文化。整个评选过程必须非常客观公正：评选者所收集和使用的信息必须是正确的，而且评选活动也应当建立在客观的行为和业绩标准之上。领导者必须对员工的业绩给出诚实的反馈，尤其要向那些在评选活动中得分较低的人进行解释。

实际上，这正是布朗的工作重点。比如说，他说道："在第一年，一个人来到我这里，对我说，'你的评选系统有问题。'去年我的得分很高，但今年，当我以同样的质量完成同样数量的工作之后，我的得分却变低了。我告诉他，'好的，我来解释一下。'出现这种情况的原因可能有两个。首先，你的业绩可能并没有自己想象的好，也就是说，你今年的业绩水平下降了；其次，如果你的各方面业绩都和去年相当的话，那就是别人取得了更大的进步，从而使你的名次出现了下降。你必须意识到这一点，EDS 是一家正在取得飞速发展的公司，每个人都在努力改进自己的工作，如果你只是停留在原来的水平之上的话，你的名次难免就会下降。"

EDS 还把员工个人的行为表现纳入了奖励因素。比如，在新的商业模式当中，协作变得至关重要起来，而在传统的 EDS 商业模式中，人们之间并不需要进行太多的协作。因此在进行奖励评选的时候，领导者之间的协作水平也应当被考虑在内。比如说鲍勃发展了一名新客户，然后他把这位客户介绍给了琳达，因为她的部门能够为该客户提供更好的服务。他的这种行为应当被考虑在评选因素之内，而其组织的领导者在颁发奖金的时候也应当考虑到这一点，尤其是在对销售人员进行评选的时候，这种做法就显得尤为重要。

无论你采用什么具体的方法来确定员工的奖励，目标是一样的：奖励系统必须带来正确的结果。在进行评选的时候，你不能把数据作为唯一的标准，还应该考虑到人们在工作中的具体行为。你必须设法增加 A 级员工，也就是那些在行为和业绩方面都很出色的员工的数量，同时要敢于减少企业中业绩不佳的员工数量。

一段时间之后，你的员工队伍就会变得更加强大，而整个组织的效益也会得到相应的提高。

拉里：领导者的衡量标准决定员工的业绩水平，这个道理非常简单。年初的时候，我曾给霍尼韦尔每个部门的领导写了一封信，信上列出了公司今年的目标。第一项是财务目标，其中包括收入增长率、现金流、生产力等。我们将根据每个部门的具体情况对该部门在这一方面的完成情况进行统计。比如，如果一个部门需要开发四项新产品的话，我就可能降低该部门的销售增长指标和生产力，同时提高该部门的产品推广指标。

第二项是其他目标，主要是针对公司当前和长远的发展规划制定的，包括从建立六西格玛基础设施到打进一个具体的市场在内的任何目标。我们每年在管理资源会议上对这些目标的实现情况进行两次正式的评议，然后对那些表现优异的部门和个人给予奖励。

每个部门的总经理都要向那些直接向他们汇报的人下达明确的任务指标。他们可以拥有相同的财务目标，但在那些非财务领域，比如说组织建设等，他们的具体任务是不同的。

奖励的形式和数量应当是多种多样的，这也是建立执行文化的一个必要条件。对那些业绩位列前250名的员工，我会以股票期权的方式进行奖励。我们给员工定下了很高的基本工资，但那些希望在霍尼韦尔赚大钱的人可以得到期权。需要注意的是，这种奖励必须落到实处。比如，我的手下有这么一个人，他是一位经验丰富的职业人员，但似乎已经没有任何潜力可挖掘了。在这种情况下, 我就会选择现金而非期权的方式进行奖励。另一方面, 有些人似乎拥有很大的潜力, 如果他今年的工作不能让我满意的话, 我就会减少他的现金奖励, 而更多地采用期权奖励的形式对其进行激励, 因为在我看来, 他对公司的未来至关重要。

我们会竭尽所能奖励那些工作成绩优异的人, 并最终通过这种方式在整个企业范围内建立一种执行文化。比如, 在 2002 年, 受限于经济形势, 许多公司都会减少奖金数量, 甚至停发奖金。同时由于"9·11"事件, 我们的航空制造部门遭受了严重的打击, 整个部门的业绩出现了明显的下滑。在这种情况下, 继续用往年的指标来衡量该部门今年的业绩显然是一种不公平的做法, 所以我们转而采用了竞争指标, 即该部门与其竞争对手相比较而言的业绩水平。如果该部门在这一指标上取得高分的话, 他们仍然会受到奖励。

* * *

奖励与业绩挂钩是建立执行文化的一个必要条件, 但不是充分条件。任何希望建立执行文化的领导者都知道自己应当为员工确立一个明确的目标, 然后观察该员工的目标实现成果: 最终必定会有一些员工继续游在上面 (他们实现了自己的目标), 而有些员工则沉了下去 (指那些没能实现目标的人)。当组织中大部分员工都沉下去的时候, 整个组织也就开始面临着沉没的危险。

还有一些这样的领导者, 他们非常善于制定奖励规范, 却不能很好地将其执行下去。这种领导并没有采取措施来帮助人们掌握新的必要的行为规范。他们不能及时适当地向自己的下属提供指导，更不会告诉员工应如何将一个重要的理念转化为一系列具体的、能够在短时间内得到执行的任务。他们不懂得如何引导一次坦率的对话，不懂得教会人们如何去思考或解决问题。

＊　＊　＊

出现这些问题的关键就在于他们并不具备我们所谓的执行的社会软件部分。

执行的软件部分：良好的互动沟通机制

拉姆：在很多会议结束的时候，人们似乎已经对某个问题达成了共识，但最终没有一个人采取任何实际的行动，这种会议你参加过多少次了？在这样的会议当中，与会人员通常不会进行激烈的争论——实际上，他们根本不关心讨论的结果。因为他们相信：这个项目迟早会胎死腹中。

在我为多家大型组织和它们的领导者担任顾问期间，我发现在许多公司高级领导的会议上也会出现这种沉默的谎言，进行决策的时候没有一个人提出异议。我们通常称这种决策为"错误的"决策，之所以如此，是因为这些决策通常都是在缺乏互动的情况下做出的。这种情况出现的原因主要是人们之间缺乏互动——做出决策的人和具体执行的人之间事先没有进行足够的沟通。由于受到会议现场人员等级的影响，或者是受到形式性的束缚或缺乏信任，人们无法坦陈自己的观点。在这种情况下，那些实际执行决策的人通常在执行的时候显得比较优柔寡断。

在一种相互孤立的企业文化当中，这种互动很少发生。在很多情况下，这实际上是人们做出决策的一种典型方式。决策执行过程中的优柔寡断（在实际工作中表现为执行不力）已经根植于企业文化当中，并在大多数员工身上表现为一种似乎无法治愈的痼疾。

注意，我们说的是"似乎"，因为这种情况出现的原因实际上在于领导者本人，其实正是领导者们创造了这种文化，同时也只有他们才能从根本上改变这种文化。在改造企业文化的过程中，领导者手中一个非常重要的工具就是组织的社会软件。

像一台计算机一样，一个公司也有自己的软件和硬件。我们称公司的软件为"社会软件"（social software），其原因就在于任何一个由两个或更多的人组成的公司都可以被看成是一个社会系统。

硬件包括组织结构、薪酬设计方案、奖励和惩罚、财务报告体系及现金流控制制度等。企业内部的互动沟通系统也可以看成是硬件的一部分。权力的分配也是如此，在分配权力的过程中，任务的分配、预算等级的审批等都是一种正式而明显的硬件形式。而社会软件则包括价值观、信念和行为规则等，以及其他一切非硬件的东西。和计算机的软件一样，公司的社会软件也是使其硬件系统得以运营的决定因素。

结构设置可以将一个组织划分为执行许多不同任务的特定部门，所以结构的设计显然是非常重要的，但真正将系统整合为一个统一同步的整体的，还是软件。硬件和软件相结合，就形成了社会关系、行为规范、权力关系、信息流和决策流。

比如说，基本的薪酬系统属于硬件，因为它是一种量化的系统。如果你圆满完成任务的话，系统就会根据预定的程序对你进行奖励，它会向你表示祝贺，并把支票送到你的手上。但如果你希望对其他行为，比如你在六西格玛方面取得的成就、领导团队的改进或你与同事的协作等，这时软件就会发生作用了，因为正是软件定义了可以得到奖励的行为规范。那些对表现优异和非常有潜力的员工给予过高奖励的领导者实际上是在建立一种能够提高整个组织行为规范的社会软件：这将使人们更加努力地工作以取得更好的业绩。

＊ ＊ ＊

软件的一个关键成分就是我们所谓的互动沟通机制，其中包括一些正式或非正式的会议、演讲，甚至是备忘录或电子邮件的交换——任何可以进行对话的地方。当然，要想成为一种互动沟通机制，一次对话或会议必须满足以下两个条件：首先，它必须是在全组织范围内进行的，必须打破部门和工作流程、等级以及组织内外的界限。互动沟通机制必须形成新的信息流动和新的工作关系。在这种机制的作用下，以前互不来往的部门之间将自由地交换观点，分享信息和创意，而且通过这个过程，大家将对公司产生一个更为全局性的认识。各部门之间将实现真正意义上的协作。

其次，只有在持之以恒地实践社会软件的行为和信念的情况下，社会软件才会真正发挥作用，因为只有这样才能使领导者的信念、行为和对话模式流传到整个组织当中。这是一种层层传递的关系，上一级领导者的行为规范和信念将成为下一级领导者所效仿的对象，并最终形成整个组织的互动沟通机制。

在彼此相连并与评估和薪酬系统联系起来之后，互动沟通机制将共同成为我们所谓的"公司的互动沟通系统"。这种互动沟通系统将对企业文化的形成带来直接的影响。比如说，在人力资源、战略和具体操作的过程中，公司高层领导聚集在一起进行的计划评估就是一种主要的互动沟通机制，而这些流程加在一起就形成了企业的互动沟通系统（social operating system）。

通用电气高度发达的互动沟通系统对该公司的成功可谓居功至伟。它的主要互动沟通机制包括每季度举行一次的公司执行委员会（CEC）、年度领导层和组织评估大会（被称为 C 组会议）、战略和运营评估大会（被称为 S-1 和 S-2 会议），以及波卡大会（指的是公司经理每年在佛罗里达波卡举行的来年企业规划会议，在这次会议上，许多目前尚未完成的提案将被重新启动）。

在为期两天半的 CEC 会议上，通用电气大约 35 名高层领导将对本公司业务和外部环境进行详细的评估，确认公司目前所面临的最大机遇和存在的问题，同时分享一些有益的经验。CEO 也可以通过这次会议来观察下属们思考和协作的方式，然后给予一定的指导。

C 组会议通常大约只有 8 ～ 10 个小时，CEO 和人力资源部门经理将与各部门经理以及每个部门的高级人力资源经理进行讨论。他们将对本部门的优秀人才储备和组织顺序等问题进行评估。通用电气是否选派了适当的人手来执行某项战略？哪些人需要被提拔或奖励，哪些人需要帮助，哪些人缺乏从事自己当前工作的能力？CEO接着会用一张手写的便条总结出谈话的内容以及需要采取的行动。通过这种方式，现任领导层就为公司评估选拔了一批优秀人才，而这些人也将成为通用电气未来的核心力量。

S-1战略会议通常是在每年第二个季度将要结束的时候举行。在这次会议上，CEO、CFO和CEO办公室的工作人员将与各部门主管一起讨论公司在未来三年内的发展计划，其中包括在CEC会议上达成的决议，以及战略内容和战略执行者的人选问题。和C组会议一样，CEO将总结出大家共同认可的行动条目，然后通过信件的方式发送给各部门的领导。S-2会议通常在每年的11月举行，它实际上是一次规划会议，其主要关注的是公司在未来12 ~ 15个月内的工作情况，并讨论战略和操作顺序以及资源分配之间的配合问题。

在这些会议的间隙，还有一些互动沟通机制在发挥着作用。在4月份举行的通用电气调查中，大约有11 000名员工通过在线的方式对整个组织范围内的计划执行情况进行反馈。在10月份的时候，150名公司高级主管将在克罗顿维尔学习中心评估公司计划的执行情况，并为下一年的工作制订计划，同时参加一些主管发展培训课程。在12月的CEC会议上，执行官们将就1月份的波卡会议设定议程。

这种由相互连接的互动沟通机制组成的系统体现了通用电气的领导层控制整个公司的主要诀窍。通过这个系统，通用电气的高层领导者可以很容易地将公司的总体战略与每个部门的表现（其中包括对领导层的培养和运营计划的制定）联系起来。在公司内部，前任 CEO 杰克·韦尔奇创造了一种新的行为方式：对话。根据他的规定，公司内部的对话应当是诚实而以事实为基础的，而且公司 CEO 应当积极参与到这种行为方式当中去。就这样，公司整体上成为了一种执行的运营系统。

当今的公司组织都非常庞大而复杂，每一个部门都处于不断的变动之中，包括结构、思想、决策和人力等各方面的因素都要随着外部商业环境的变化而不断变化，但互动沟通系统是始终不变的。不仅非常稳定，它还提供了一种具有高度一致性的框架，并以此规定公司成员思考、行为和行动的方式。就这样，一段时间之后，这些思考、行为和行动方式就自然而然地植入到了公司文化当中，成为公司文化的一部分。

拉里：霍尼韦尔的互动沟通系统并没有通用电气那么复杂，但它的作用是相同的。我们所有的行为都在人力资源流程、战略制定流程、运营实施流程以及两次管理会议（大约有超过 100 名高级主管参加）上清楚地体现出来。在这些会议上，人们的各种工作方式，其中包括思考问题、讨论问题、执行问题等，都会集中体现出来，随后这些方式将渗透到整个组织当中。

通过参加这些会议，人们最重要的收获之一就是学会了如何在富有建设性的讨论中相互协作。百密难免一疏，没有人能够给出所有问题的答案。如果在某个环节遇到了麻烦，不应该一个人坐在那里，埋怨手下办事不力，或想着是否应当请咨询公司来解决问题；相反，正确的做法是把大家召集在一起，相互协商，并最终找出一个解决方案。我们不能指望人们无所不知，但却可以要求他们尽力拿出最佳的解决方案，这就需要大家之间更好地相互协作。在你的组织当中经常进行这种富有建设性的讨论，它将能够帮助大家建立一种自信，这样，无论以后遇到什么样的问题，他们都不会手忙脚乱了。

积极、坦诚和开放的对话

如果公司内部无法进行活跃的对话——通过开放、真诚和轻松的方式讨论当前的实际情况，你就不可能建立一种真正的执行文化。这种对话可以使一个组织更为有效地收集和理解信息，并对信息加以重新整理以帮助领导层做出更为明智的决策。它能够激发人们的创造性，实际上，大多数革新和发明都是在对话的过程中形成雏形的。最后，它能够为组织带来更大的竞争优势和股东价值。

活跃的对话的前提是对话者必须解放自己的思想。他们对人对事都不应当先入为主，更不应当在讨论问题的时候有所保留。他们希望听到新的信息，并准备随时改进自己的决策，所以这种人通常会注意倾听讨论中各方的意见，并积极参与到讨论当中去。

当人们敞开胸襟的时候，他们就会表达出自己真实的观点，而不再是为了奉承领导或维持一团和气而说些无关痛痒的话。实际上，一团和气（这也是许多不愿意得罪人的领导者所追求的）可能成为真相的敌人，它会扼杀许多人的批判性思维，并最终使决策成为一纸空谈。一旦这股追求一团和气的风气弥漫到整个公司，所有问题的解决方式都可能像这样：在主要人员离开会场之后，大家马上投票反对他刚才提出的建议；他在场的时候，没有一个人表达意见。针对这种情况，我建议大家应该把这句话奉为座右铭：真相高于和气。坦诚以待能够帮助人们消灭沉默的谎言和无言的反对，它还能够更好地避免执行不力的情况。

要想做到坦白，谈话就不能过于正式，这也是杰克·韦尔奇的口头禅之一。过于正式的气氛会给谈话者带来高度的压迫感，而非正式的气氛则能够更好地鼓励谈话者自由表达自己的观点。正式的谈话和演示通常都没有留下很大的讨论空间，而非正式的谈话则是非常开放的，它鼓励人们提出问题，鼓励大家进行批判性的思维，并更多地表达自己当时的真实想法。在正式的、等级清晰的会议当中，掌握权力的人可以轻而易举地扼杀一个很好的创意；但非正式的讨论却会鼓励人们相互评价自己的想法，在这个过程中相互改进，并最终达成一致的协议。在很多情况下，许多乍听起来很荒谬，可实际上却能给公司带来突破性进展的创意都是在非正式的谈话中被激发出来的。

最后，非正式的对话结果总能使大家达成一致的意见。在会议结束的时候，人们都会就每个人的任务以及完成时间达成共识——这本身就代表了他们的意见，而且在这种情况，他们也更加愿意对结果负责。

　　大多数公司不能直接面对现实的原因就在于他们的对话是无效的——对话的结果也体现出了这一点。想想你所参加过的那些会议，其中有多少纯粹是在浪费时间，而又有多少真正产生了切实的效果。二者之间的区别在哪里？关键并不在于日程，也不在于会议是否准时开始，或者人们是否遵守会议章程，更不在于你采用了哪种演讲方式，真正重要的是对话的质量。

　　在一般的公司会议，比如说一次业务讨论上，与会人员之间的讨论通常都是拘束而讲究辞令的。为了避免对抗，很多人甚至会避而不谈自己发现的问题，还有一些人则会为了刻意刁难别人而胡搅蛮缠。在那些包含这两类人的小组（在很多会议中都是如此）中，对话通常会演变成一种仇视者之间的相互绞杀和息事宁人者的一味忍让。人们很少能够通过这样的讨论了解到事实的真相，而最终这样的会议也丝毫不能促进问题的解决。

　　现在想一想能够解决实际问题（能够就现实问题展开讨论，并最终给出有效的解决方案）的会议应该是什么样子，这种会议为什么能够解决实际问题呢？

　　对话能够改变一个群体的心理，它能够激发人们的能量，同时也能够耗尽人们的能量。它能够帮助人们建立自信和乐观的情绪，也能够使人们变得悲观。它能够在人们之间形成一种和谐一致的气氛，也能够造成很多摩擦。

　　开放式的对话能够引导出那些也许让人感到不舒服的实际情况，因为这种谈话总是针对现实而发出的。这种谈话开放灵活、重点突出而又轻松活泼。谈话的目标是要大家提出不同的观点，对每种观点的利弊进行分析，然后以一种诚实坦白的态度对这些观点进行总结。这种相互沟通的动态机制能够激发出许多新问题、新想法和对事物新的认识，从而能够在最短的时间内，以最轻松的方式，最有效地解决问题。

那么，如何才能引导人们进行开放式的谈话呢？毕竟，要改变人们长久以来的习惯并不是一件容易的事，所以它首先应该从企业的高级领导层开始——组织的领导者在进行对话的时候必须是开放式的。如果领导者在进行对话时采取的是一种开放式的态度，其他人就会自然地跟随效仿。由于心理上一时难以接受，一些领导者可能不愿意突然听到别人对自己意见的反驳，而其他人则需要学习一些具体的技能才能引导人们进行富有建设性的讨论和争辩。这些人都应该得到帮助。

但关键是，在通常情况下，在采取和接受某种行为方式之前，人们必须进行大量的实践活动。如果领导者对某种表现进行奖励的话，人们就会认为那是你所欣赏的行为，他们就会更加积极地接受和实践这种行为。每个人都需要得到最好的答案，这就意味着每个人都必须在交换意见的时候坦诚相待——没有人能够解决所有的问题。如果有人提出一些你不同意的意见，你粗鲁地警告对方不要过于自大，在这种情况下，其他人就很难再有足够的勇气来对你的意见进行驳斥。而如果你告诉那个提出不同意见的人，"好的，让我们仔细讨论一下你的意见。首先听听大家的意见，然后我们再进行选择。"这时，提出意见的人就会受到更大的鼓励，而这次会议也就能取得更加良好的结果。

领导者以身作则，率先垂范

一旦理解了什么是社会软件，你就会发现，那些根本没有融入企业日常运营当中去的领导者根本不可能对一个公司的文化产生决定性的影响。正如迪克·布朗所说的那样："一家公司的文化是由这家公司领导者的行为决定的，领导者所表现或容忍的行为将决定其他人的行为，所以，改变领导者的行为方式是改变整个企业行为方式的一个最有效的手段，而衡量一个企业文化变革的最有效尺度就是该企业领导者行为和企业业绩的变化。"

为了把你的企业改造成一个执行型组织，领导者必须通过亲身实践自己希望的行为和开放式谈话方式来建立和强化本公司的沟通氛围。通过不断实践，他将最终把这些行为习惯直接渗透到整个组织当中，从而最终演变成为该组织企业文化的一个重要组成部分。

比如说，有些领导者使用电话会议的方式作为一种互动沟通机制来促进企业的文化变革，因为这种方式可以使人们以更加坦诚和现实的方式来进行对话，从而促使公司的高级领导以更加有效的方式进行决策。在这个过程中，领导者自身的行为，包括他与各级员工交流的方式，都塑造和强化了公司其他成员的信念和行为。

领导者在这些电话中进行的对话实际上展示了一幅能够为整

个公司所体会到的全局图景。每个人都做好了充分的准备，他们能够为公司下一段时期的工作提出自己的建议。通过对整个公司的业务进行讨论（包括企业当前所面临的外部环境），每个参与讨论的人都能够对本行业的总体趋势、竞争情况、公司目前所面临的问题等有更加深入的了解。如果他们能够尽最大力量来帮助公司建立一种执行文化的话，这个信息就会逐步传播到整个组织，并最终在公司范围内形成一种真正的执行文化。

* * *

如果整个公司都没有一种执行氛围的话，你能在自己的部门里建立执行文化吗？如果能的话，你岂不成了组织中的异类？不用担心，只要你能切实地实现利润和收入的增长，你所建立的文化也就必然影响到组织的其他部分，从而你所建立的文化也就自然成为大家所效仿的对象，而非竭力排挤的异类。

拉里：作为一名领导者，你当然不希望自己的员工把时间浪费在一些无谓的工作上，但事实上，你常常会不经意地犯这样的错误。当我在 20 世纪 60 年代末期成为通用电气的巡回审计员的时候，我几乎遍访了通用电气在全球的所有分部，并接触到许多不同风格的经理人员。通过仔细观察，我发现成功的经理和不成功的经理之间的一个主要差别就是他们对业务的参与程度。事实证明，对企业的业务参与的程度越深，你就越能做出更加明智的决策。这个发现影响了我以后许多年的工作。

当我在 1978 年成为通用电气资本部门经理的时候，我开始把这些经验付诸实践。而也就是在那一年，杰克·韦尔奇升任消费者部门主管，他迅速地接受并推广了我的这一理念。他认为，这是一种更加实际的工作方式，一种以具体行动为导向的工作态度。就这样，我的这一理念在杰克·韦尔奇手中得到了淋漓尽致的发挥。

作为领导者的经验越丰富，我就越能深刻体会到这些理念的价值，并逐渐把这些理念更多地应用到实际工作当中去。比如，在人力资源管理流程当中，我总是想首先看看这个人在自己的工作岗位上表现如何。毕竟，这些人的工作是推动整个公司不断向前的原动力。时间一天天过去，我仍然采用这个标准来对下属的工作进行评估，但同时我也在想，这个人的增长潜力在哪里呢？就这样，我开始提出更多的问题，并就长期增长潜力问题与人们展开了讨论。

参与讨论的人越来越多，随着人数的增多，我对这一问题也开始有了更加全面深刻的认识。以前对某人进行评估时，我们通常都是采用一对一的方式，因为不想当众伤害一个人。但后来我们找到了一个解决这一问题的方案：让被评估的人亲临现场，从而保证评估过程的客观公正性，大家畅所欲言，但绝不信口开河，我们会对被评估者的优点和缺点给予客观的评述，但却不能对其个人进行丝毫的人身攻击。

我天生就是一个喜欢亲力亲为的人，对自己的工作总有一种依恋。工作的时候，我总是能够全身心地投入，并在这个过程中不断对自己进行改进和提高。实际上，这也正是促使一个组织迅速发生变革的重要因素，因为当你觉得自己的工作非常讨厌的时候，你通常很难取得成功。

＊ ＊ ＊

要想在企业文化变革中取得成功，你首先需要物色到正确的人选。在下一章，我们将讨论领导者最重要的工作：人员的选择和评估。

第5章

基石三：领导者的关键任务——知人善任

在公司的发展过程中，有很多因素都是它本身所无法控制的，比如说从经济的不稳定状态到竞争对手难以预料的行动。在这种情况下，公司就更应该对自己能够控制的一个重要因素——员工的素质，尤其是那些身居要职的员工的素质严加控制。人才是一个组织最重要的资产，也是组织年复一年取得进步的重要保证。他们的判断、经验和能力将在很大程度上决定一家公司的命运。

许多领导者常常宣称，"我们的员工是我们最重要的资本"，但实际上，很少有领导者能够对人员配置工作给予足够的重视。他们和他们的组织根本不知道自己需要设置什么样的工作岗位——当然，也就更无从判断自己应该选拔什么样的人才了。结果，这样的公司通常无法聘请、提拔和培养那些具备领导者素质的人才。

正像我们注意到的那样，在很多情况下，这些领导者会把更多的精力用于思考如何扩大组织规模上面，从而也就无暇顾及企业的人员配置。在这个过程中，他们实际上忽视了一个重要的问题，即企业人员的素质正是使自己在与对手的竞争中获得优势的一个重要因素。当然，在任何企业中，人才的培养都是一个长期的过程，但当考虑到企业的长远利益时，我们就会发现人才的正确选拔正是企业获得可持续竞争优势的关键所在。

戴尔公司之所以能够最终胜过规模大于自己的康柏公司，其主要原因就在于戴尔在人才选拔上面投入了很大精力——他懂得如何选拔那些真正理解自己商业模式的人才，并对其委以重任。

如果仔细观察那些能够长期取得成功的企业，你就会发现它的领导者都非常重视人员的选拔。无论是一家价值数百亿美元的集团公司的总裁，还是企业的一个部门经理，你都不能把选拔和培养领导者的任务委托给其他人。这是一项你必须亲力亲为，而且必须喜爱的工作。

拉里：回到联信公司之后，我发现公司所面临的一个最重要的问题就是它的运营管理团队存在着很大的不足，根本无法与竞争对手的相应机构媲美。而且，如果让这种情况继续发展下去的话，由于缺乏必要的人才储备，我们将很难培养出未来合格的领导者。而当我于 1999 年从联信公司退休的时候，我认为公司最明显的变化就是它已经拥有了卓越的领导者培养渠道。其中一个表现就是，我们培养的一些比较杰出的年轻人如今都已经成为了许多大公司的领导者，比如说保罗·诺里斯（后来成为 W. R. Grace 公司 CEO）、唐·伯尔曼（后来成为 Raytheon 公司 CEO）、乔治·萨姆（后来成为 PerkinElmer 公司 CEO），以及弗里德里·普斯（后来成为美标公司 CEO）。

这种情况并非出于偶然。我曾经花了大量时间（这被有些人认为是不正常的）和精力来聘请有潜力的人才，为他们提供机会，丰富他们的经验，并将其培养成能够独当一面的领导者。开始两年的时间里，我把 30% ~ 40% 的时间和精力都放在这上面，后来减少为大约 20%。愿意在一件工作上投入如此巨大精力的 CEO 实不多见，但我相信这些工作迟早会得到回报的，它在联信公司的成功中发挥了很大的作用。

我所做的第一件事情就是去视察公司的工厂，会见那里的经理人员，并对他们个人的工作能力进行大致的了解。当然，我的谈话对象不只局限于这些经理人员，他们的员工也是一个重要的信息渠道，通过交谈，我可以进一步了解他们的工作环境，观察他们的行为方式，这些因素在很大程度上反映了领导者的工作成果。正是在这种视察过程中，我开始发现：公司当前的一个重要失误就是没有对领导者的培养给予足够的重视。

虽然办公桌上厚厚的一份报告给我留下了深刻的印象，但我们运营单位的主管和他们所建立的团队却并不能令我满意。有些经理经验不足，在很多情况下，他们对自己所从事的业务缺乏深刻的了解，而且他们显然对企业当前面临的竞争形势和人才培养方面也缺乏基本的技能。当然，我并不是说他们不聪明或不努力——他们充满了优秀的创意，知道如何展示自己，但却没有培养一种善于执行的好习惯。在这种情况下，我认为应当给予他们更多从事实际工作的机会，以此来培养其脚踏实地的风格。

然后我们要招聘一些有能力的工作人员——他们不仅要能够

管理我们的企业，还要懂得如何为企业的未来培养优秀人才。主管的开发和培养是一项非常重要而关键的技能。在通用电气，85%的主管都是从内部提拔上去的——人才培养是它的长项之一。其原因主要是杰克·韦尔奇（现在是他的继任杰夫·伊梅尔特）对领导层的培养给予了充分的重视，并要求所有的执行官都把这一工作作为自己工作的重点。相比之下，在联信公司，我们就不得不从外面聘请高级领导人员，尤其是从那些像通用电气或爱默生电气对人才培养给予足够重视的企业里面。

经过几年努力，最后我们终于能够从内部选拔人才，这也是我的一个主要目标——在实现这个目标的过程中，我投入了大量精力对未来的领导者进行评估和培养。

在对未来领导者进行评估的时候，我的参照标准不仅是他们的报告，我还会考虑别人的建议，有时甚至会直接到组织当中了解情况。在担任联信公司总裁的最初三年时间里，我亲自面试了公司新近聘请的 300 名 MBA 中的大部分。

当然，由于时间因素，我不可能对每个人都进行亲自面试，但我清楚地意识到我所确立的标准必将为组织中的其他人所效仿：当你请到了一位颇有天分的人之后，他们在自己当面试官的时候会仿照你的做法。

企业不能知人善任的原因

常识告诉我们，企业在用人的时候应当尽量做到知人善任，但事实却常常并非如此。有能力的人没有得到重用，能力不足的人反而被委以重任，这样的事情每天都在发生。为什么会出现这种现象呢？其中一个重要原因就在于：领导者对自己所任命的人并不十分了解。他们在选择人员的时候可能只是凭着自己的好恶，而根本不考虑工作岗位的具体要求和人员的特点。他们可能缺乏足够的勇气来对表现优异者和表现不良者进行区分，更无法采取必要的行动。所有这些都反映了领导者的一个绝对基本的缺点：对人才培养缺乏足够的重视和深入的参与。

知识的缺乏

领导者常常依赖于人员评估标准来评价自己的下属，而在很多情况下，企业在进行人员评估时所参照的都是错误的标准，或者这些评估人员会在评估的时候对领导者喜欢的某位员工大加赞赏。这种事情经常发生，你可能就听到过这样的话，"鲍勃是个很优秀的领导，他非常善于激励下属，演讲极富煽动性。他为人和善，与同事们相处得很好，而且他还非常聪明"。而领导者并不关心鲍勃所承担的某项工作的完成质量。事实上，常常连他自己都不知道这项工作的具体要求是什么，更没有去尝试用三四个标准来定义某个工作岗位——而这些标准恰恰是该岗位的基本要求。

拉姆：2001 年 11 月的某一天，我和一家消费品公司的 CEO 及该公司副董事长共进午餐。这家公司的市场份额不断下降，通过讨论，我们认为主要问题在于：公司的营销部门领导不合格。显然，这家公司需要聘请一名新的营销主管——事关公司的前途命

运。这位 CEO 想到了一个人，副董事长马克对其大加赞赏，CEO
也非常满意，"他非常了不起。""在哪些方面？"我问道。他似乎也
不甚清楚，只是泛泛地给出了一些回答。我接着问道，"你为什么
认为他非常了不起呢？"他没有答案。

我问这位 CEO 和公司副董事长，"这个岗位的基本要求是什
么"。经过一番讨论之后，他们给出了下面的答案：要善于选择促
销方式；对什么形式的广告最有效以及如何在电视、广播和印刷
媒体上投放广告有明确的认识；应该在适当的时机开展营销活动，
有效配合公司新产品的发布；要能够选择适当的人选来重新组建
公司的营销部门。

在陈述完这几条标准之后，我问他们，"现在的候选人是否满
足这些条件？"他们久久没能给出答案。最后，这位 CEO 坦白地
说，"现在我才发现自己根本不了解他。"

无论是这位 CEO、这位副董事长，还是公司里的其他任何人，
大家以前都没有考虑过这些问题。而为了提高公司的领导储备质
量，每家公司的人力资源管理过程都需要一个明确的规范，人们
必须能够对人员和工作岗位的搭配问题展开坦诚的对话，并采取
必要的跟进以确保相关人员采取了必要的行动。

勇气的缺乏

大多数人都知道自己组织里的某个人并不能胜任他的工作，
却一直在这个岗位上待了很多年。出现这种情况时，我们会发现
通常的原因就是这个人的上司没有足够的勇气让他离开。这种行

为可能会给组织带来极大的危害。如果这位其实并不能胜任自己工作的领导进入了公司的高级领导层，他很可能会毁掉整个组织。

拉姆：几年前，一家精工元件制造公司宣称自己并没有为企业未来的领导层准备足够的人才储备，所以它从外面聘请了两位CEO候选人。当时的情况是，从行业范围来说，这家公司是全球一号企业，而且它的成功纪录一直保持了很长时间。在新进入公司的两位CEO候选人当中，其中一位是斯坦，他将负责公司的北美业务（公司80%的利润来源）。斯坦来自于一家跨国电气公司，他曾在那里担任过一个小部门的领导工作。他很会表现自己，很快与其他同事建立了良好的关系，工作勤奋，而且在演讲时极富煽动性。

但斯坦在领导北美业务时的表现却不是十分令人满意，第一年就没能完成该部门的预定目标，公司市场份额开始下滑，他所领导部门的成本结构也不具有任何竞争优势。当时该行业正处于一种生产过剩的局面，但斯坦并没有及时采取措施来压缩生产、降低成本，也没有充分意识到执行的作用。公司的边际利润、现金流量开始呈现出下降趋势，股票价格一泻千里。但该公司的CEO并没有采取任何行动，他认为斯坦还是新手，需要一定的时间来培养。

第二年斯坦仍然没能完成预定目标，现金流继续减少，股票价格进一步下滑。董事会开始对此事给予极大关注。在斯坦下一次提交季度报告的时候，董事会成员在执行官会议上要求CEO解雇这个人，但为时已晚。此时公司股票价格已经不到原来的一半，投资银行和其他一些公司开始采取行动，准备兼并这家公司了。收购行动六个月内完成，这家公司彻底被兼并了。

这位 CEO 是一个非常聪明而正直的人，他很欣赏斯坦，但缺乏足够的勇气面对眼前出现的问题，他没有及时地解雇斯坦，从而最终葬送了整个公司。这样的悲剧每天都在上演着，勇气的缺乏使得很多公司成为优柔寡断的牺牲品。

心理舒适的因素

出现上述现象的另一个原因在于很多领导者只愿意提拔那些自己喜欢与之共事的下属。这是很自然的现象，每个人都希望自己的下属是一个忠诚而能够让自己信任的人。但一旦这种判断建立在错误的因素上面，它就变得非常危险了。比如，领导者喜欢某个人，其原因可能只是因为这个人比较顺从自己的意愿，或者这个人比较善于避免冲突，或者是由于这个人和自己出身同一背景。

拉姆：最近一家市值 250 亿美元的大型跨国公司刚刚聘请了一位 CEO，我还是姑且称他为霍华德吧，他非常富有进取心、有抱负而且能够在巨大压力环境下工作。人们对他寄予了很高的期望，希望他在十年后退休时，能够把公司由现在的行业第三推进到行业第一的位置。

霍华德要求公司 11 人高级领导团队中的 8 人提前退休，然后选派了一些对自己绝对忠诚的人填补空缺。在他担任 CEO 的前两年时间里，一切都进展得非常顺利，虽然这在很大程度上应归功于前任管理层的努力。在第三年，公司开始出现了一些问题。这是一个竞争非常激烈的行业，它要求每个公司必须不断推出新产品，而霍华德的团队推出新产品的日期却比预定的时间晚了六个月（或更多）之久。随着海外竞争对手的进逼，公司在利润最丰厚的市场中的份额开始下降，而且新产品上市周期的延长也给公司形象带来了极大损害。

同时，上市周期的延长还使得公司新产品的发布成本增加了15%，对于一家资本密集、低边际成本的企业来说，这种成本增加所带来的后果是相当严重的。公司的现金流开始出现问题，债务信用级别也迅速下降。直接导致这种情况的原因主要有两个：成本增加和新产品上市周期延长。而这两个部门的负责人都是霍华德一手提拔的。出于心理安慰和盲目信任的原因，霍华德拒绝替换掉这两位负责人。就这样，一年之后，董事会决定开除霍华德，并对他所组建的团队进行彻底的调整。

通用电气的做法就与此形成了鲜明对比，当里奇纳多·琼斯选择杰克·韦尔奇接替自己担任公司总裁及主席的时候，他并没有因为杰克为人直率、喜欢争辩而对其有任何的偏见。当时里奇纳多·琼斯已经功成名就，他为人聪明、非常善于与人沟通，被认为是那个时代最伟大的商业领袖之一；而杰克·韦尔奇则心直口快，常常和人争得面红耳赤，在别人看来，这是一个专门和上司抬杠的家伙。但当时里奇纳多·琼斯却认为通用电气已经到了必须实行变革的关头，而聪明、坚韧、做事总是力求尽善尽美的韦尔奇正是领导这场变革的绝佳人选。虽然表面看起来粗枝大叶，但韦尔奇有一颗善于学习而且非常果断的大脑，以及一股无与伦比的赢的欲望。

缺乏足够的责任感

当领导者没有做到知人善任的时候，其行为带来的后果是显而易见的。领导者本能地知道自己犯了错误，并很乐意承认这一点，但很多人并没有采取任何措施来更正自己的错误。正如我们前面谈到的那样，领导者需要投入 40% 的时间和精力来选拔、评估和培养人才。这是一项非常重要而耗时的工作，而且要求从事这项工作的人必须学会如何给予反馈、引导谈话，并把自己的判断透露给其他人。

人才培养正是一家公司生存和发展的基础，所以公司要学会为这些人提供适当的机会（比如说让他们从事不同的工作，从不同的人那里学到经验，并对他们的工作给予坦率的评价），提供教练辅导、教育和培训。如果你能够在人才培养上花费和你在财务预算、战略规划和财务监督上相同的时间，你的工作就一定能为公司带来可持续的竞争优势。

企业究竟需要什么样的人才

正如我们前面讨论过的那样，在大多数公司里，真正为人所尊重的都是那些富有远见而且能够激励别人的领导者。在人们心目中，如果领导者能够树立正确的目标，制定正确的战略，并将自己的意愿准确地传达给其他人的话，整个组织就会向着正确的方向前进。在这种情况下，董事会在选拔人才的时候就很容易受到对方的教育水平和智力因素的影响，他们会问自己："他能成为一名富有远见的领导者吗？他能与外界，比如说华尔街，搞好关系吗？"

抱有这种想法的人其实忽略了一个非常重要的问题：这个人执行任务的能力如何？根据我们的经验，一个人的演讲水平与他们的执行水平之间并没有太大联系。在很多情况下，那些非常善于执行的人可能并不擅长与人沟通。但如果你希望为自己的组织建立一种执行文化，你就必须选择这种人。

拉里：有些人可能不善言辞，但他们具有强烈的成功欲望和取得成功的决心，这种人必定能够选拔到合适的人才，并带领他们一起实现预定目标。我并不是要刻意贬低教育的作用，但如果你必须在高智商并有着出类拔萃教育背景但做事犹豫的人，和那些智商不高却能够决意追求成功的人之间做出选择的话，我建议你选择后者。

当然，我以前也认为一个人所接受的教育水平越高，出身的学校越好，这个人也就会越聪明。但事实证明，这种观点是错误的，真正的强者是那些对成功有着强烈渴求的人。这些人通常非常实干，而且能够从完成一项工作的过程中得到巨大的满足。对于这种人来说，成功的经历越丰富，他们的能力也就变得越强。

那么，怎样才能确定一个人是不是实干者呢？只要注意观察他们的工作习惯就行了。实干的人通常都比较善于激励别人，他们决策果断，能够敦促下属完成工作，并习惯于在做出决策之后继续对执行情况进行跟踪。

＊　＊　＊

当那些高智商的工作人员或顾问希望晋升到更高的职位上时，这个问题就变得更加清晰了。他们通常都是毕业于最优秀的商学院，出身于咨询公司或本公司内部的金融、财会和战略规划部门。问题是，他们从来没有尝试过去激励别人开展工作，更没有足够的经验来培养自己的商业直觉。

比如说，琼是一家工业产品公司的一个高速发展部门的财务主管。她觉得在目前的工作岗位上，自己根本没有可能成为公司的 CEO，所以她希望自己能够调到一线部门，那样她升职的机会就会更大。在成为本部门最大的产品生产线的主管之后，她的主要任务变成了提高公司产品所占的市场份额，提高利润，并设法协调资产负债项目如应收账款和存货等的关系。12 个月之后，公司 CEO 和该部门经理就意识到她根本不适合从事这项工作：她缺乏必要的人力资源管理技能来管理那些直接向她汇报工作的下属，而且当经济形势下滑、客户提出很高的折扣要求的时候，她也没有表现出足够的勇气来拒绝这一要求。

我们并不是说办公室职员就一定不能从事一线工作。比如，在通用电气公司，杰克·韦尔奇在担任 CEO 不久之后就意识到自己需要培养更多的领导人才。通用电气从最好的商学院和一流咨询公司招揽了大批人才来充实公司的战略规划和营销咨询部门。关键在于进行人员调动的时候，那些在其他岗位取得成功的人在进入一个新部门的时候，他所担任的职位一定不能高于该部门的主管人员。只有这样，他们才有机会接受考验，并有机会来展示自己是否有能力来担任本部门的领导工作。公司现任 CEO 杰夫·伊梅尔特就是通过这一渠道提拔上来的。其实，美国公司中有很多高级主管都是通过这种渠道升任到今天的职位，比如说 IBM 前任 CEO 郭士纳、3M 公司 CEO 吉姆·迈克耐尼以及 Medtronics 公司 CEO 阿尔特·科林斯。每个人都有机会显示自己的管理能力。

能够激励他人

拉里：有些领导者只会攫取别人的能量，而另一些人则可以帮助他人创造能量。假设你正在面试一位非常有潜力的应聘者——他受过很好的教育，有着丰富的工作经验，而且有着辉煌的工作业绩，但却是一个温顺而少语的人——他只是坐在那里。有时像这样的人在面试中并不能取得理想的成绩，而如果他曾经取得过巨大成就的话，我就会在决定是否聘请他之前花很长时间研究他的简历。尽管如此，我还是不会轻易请他担任任何重要的领导职位。他很可能也会聘请一些像他这样的人，而对于这种人，你通常要花费很多心血来培养。我希望我的下属总是充满朝气，他们在早晨的时候面带微笑地来到办公室，斗志昂扬，随时准备迎接艰巨的任务。这种人总是会充满能量，并且能够极大地鼓舞那些与之共事的人——他们的同事自然也会为这种情绪所感染，从而整个团队就会显得活力十足。

* * *

我们并不是鼓励领导者通过花言巧语来鼓励下属。很多领导认为自己可以通过热情洋溢的演讲来激励自己的员工，他们常常会这样说："只要大家竭尽全力，几年之后，我们的公司就会成为……"那些能够带领公司实现目标的领导者总是能激发起人们的士气。这种人能够脚踏实地，把目光集中在一些短期的任务之上，并通过一个个地完成这些阶段性的任务来实现公司的长远发展目标。

家得宝公司 CEO 和董事长鲍勃·纳尔德里就是一个很好的例子。以前他曾经担任通用电气电力系统的主管，并力挽狂澜，亲自将这一部门由奄奄一息的状态发展为通用电气最主要的部门之一。他曾经在运输系统部门取得了巨大成功（杰克·韦尔奇曾经用这一部门来对那些有潜力升职的下属进行评估），并于 1995 年接管了电力系统部门。此前，纳尔德里还在通用电气的消费品部门之一担任过领导工作。通用公司的电力系统部门当时已经占据了全球大型电力设备市场一半以上的份额，但当时这一部门正处于巨大的危机之中——各大客户纷纷削减设备采购经费开支，市场前景一片暗淡。纳尔德里决定通过扩展公司业务范围的方式来增加利润——将产品范围扩展到小型发电设备，进入新的行业空间，并同时向客户提供更多的服务形式。开始的时候，他的这一建议遭到了经理们的坚决反对——他们认为公司所面临的唯一出路就是降价。

最终还是纳尔德里的建议占了上风，他凭借自己出色的个人领导风格征服了那些持反对意见的人。随后，他开始投入全部精力来实践自己的计划，在整个过程中，他精力十足，不知疲倦。每次谈话结束的时候，他总是能够用几句话总结出即将采取的行动。

通过将目标分解为一系列可以在短期内取得成功的子目标，他成功地说服了那些对自己的计划充满怀疑的人。他还把那些彼此疏远的经理们聚集起来，和工厂的决策人员以及其他客户一起商量如何扩大电力系统公司在客户消费额中所占的比重。他引导整个团队提出了许多新的价值建议，对客户进行逐个分析，就这样，最终他们发现自己所面临的市场潜力是自己以前从未想到过的。那些以前非常讨厌开会的经理发觉自己正越来越期盼着下一次会议，因为电力系统部门的会议实际上已经成为了讨论具体行动和个人发展机遇的论坛。

在棘手的问题上能够进行果断决策

决策的果断性在很大程度上体现了一个人做出困难决策并据此采取相应行动的能力。在当今的组织中，很多人只是在围绕决策打转，而根本没有做出任何具有实际意义的决策。有些领导者甚至没有足够的勇气去面对眼前严峻的形势，每个人都能看出他们正处于一种摇摆不定的状态，在刻意地逃避现实。

比如说，假设有人向你申请一笔经费来建造一座新的工厂。

你本来对这个行业非常了解，但由于经济形势的低迷，你不得不在做出批示之前询问一下当前的时机是否适当，或者公司是否可以将这一部分业务外包出去。选择外包肯定会得罪一些经理，而且会使你受欢迎的程度大大降低——因为大家一般都喜欢拥有自己的工厂，并且从长远的观点来看，这也是一个更加明智的选择。但根据你的判断，在这个时候建造自己的工厂将是一个错误的决定，所以你必须下定决心，坚持自己的意见。

假设有一个你非常喜欢的人，工作业绩没有达到预期的要求，你该怎么办？通常情况下，这是领导者必须面对的最难处理的问题之一。

拉姆：2002 年 1 月，我所供职的一家公司遇到了大麻烦，其根本原因就在于两级领导的优柔寡断。在本书即将付梓之际，这家公司依然处于一种岌岌可危的状态。

拉尔夫在这家公司工作了 20 多年，他于 2001 年 1 月被提拔为部门总裁。在董事会和 CEO 看来，这个职位将为拉尔夫于 2003 年升任公司 CEO 做好充分的铺垫。他所在部门的业绩会对公司利润额和市盈率产生至关重要的影响，而该部门销售人员的士气和敬业精神又对该部门的业绩起到决定性的作用。但事情并非一帆风顺。由于部门销售副总裁约翰的疏忽，公司在一些关键的市场领域留下了空白。约翰之所以能够得到这份工作，就在于他曾经为公司 CEO 担任过两年的执行助理，并因此被认为是公司最有潜力的人才之一，而且 CEO 曾经答应过要给他一份关键性的工作。

从这时开始，拉尔夫一直担心约翰是否能够胜任他自己的工作，因为他觉得这个人根本没有决断力，而且不能很好地激励自己的下属。每次拉尔夫在和CEO谈起自己的忧虑时，CEO总是告诉他要耐心，要给年轻人更多的时间和机会。就这样，该部门的销售额一直不够理想，并直接威胁到了公司的前途命运。竞争对手开始一步步蚕食掉公司原有的市场份额，整个行业处于一种兼并重组的形势之中。如果听任这种优柔寡断继续下去的话，这家公司恐怕很快就会成为下一个被兼并的对象。

通过他人完成任务

通过他人完成任务是领导者必备的基本技能之一。实际上，如果不能做到这一点的话，你就不能成为一名合格的领导者。但如今名副其实的合格领导者又有多少呢？有些领导会竭尽全力地扼杀那些比自己强的人，封杀他们的创造性。还有些领导遵从的是微观管理的哲学，他们总是不相信别人的能力，很难相信别人能够在没有自己指导的情况下完成工作。事无巨细，这种领导总是要亲自做出决策，所以他们就不能把精力集中在更为重要的事情上面。还有一些领导则会完全把任务交给下属，他们遵从放任自流的哲学，敢于让下属享有充分的自主。他们所做的只是对当前的形势进行一番分析（有时这种分析甚至抽象到肤浅的地步），然后把寻找解决方案的任务完全交给下属。这种人并没有为自己的工作设定阶段性目标，更不会对某项任务的执行情况进行追踪。当形势并没有像想象的那样发展的时候，他们就会感到非常沮丧。这些领导风格都会给组织的发展前景蒙上一层阴影。

还有一些人属于过于冲动型，这种人无法控制自己的情绪，从而也不能与别人很好地共事。

拉里：虽然我认为自己非常善于聘请人才，但我也的确犯了不少错误。比如说，我们曾经聘请过一位名叫吉姆的人担任公司副总裁。这是一个非常引人注目的家伙，他聪明伶俐、能说会道，而且善于与上司合作。一年之后，我们开始让他负责公司一个主要的业务部门。但再过一年之后，该部门陷入了巨大的危机。他并没有将新产品及时推广到市场上，公司的市场份额不断下降，生产力水平也开始呈现低落趋势。

在对他的业绩进行评估的时候，我们发现很多为他工作的人都无法容忍他。他们觉得此人态度粗暴，一位曾经与之共事的执行官认为他"简直像军营里的军官"。在决策过程中，他从不考虑别人的意见。久而久之，他和下属之间的关系越来越疏远，甚至到了无法开展工作的地步。我们必须让他离开，即便如此，他的继任者也花了一年的时间才使该部门的工作回到正轨上来。

那些无法通过他人完成任务的领导者会浪费大量时间——不仅是自己的，还包括别人的时间。这种领导者就像我在第 3 章中曾经谈论到的查理那样。我总是在问这样的人："你在忙什么，其他人也参与进来了吗？"在业绩评估的时候，我经常告诫那些刻苦而聪明的领导者："你们应当改变自己的工作习惯，每周工作 80 小时不是好习惯。"这种人总是迫使自己和其他员工在办公室里停留很长时间，即便在星期六、星期天和节假日也不例外，直到把自己以及那些和他一起共事的人全都累得筋疲力尽。我告诉他们："你必须学会用更少的时间完成同样的工作，而且质量上不能有任何下降。学会如何通过他人完成任务，因为如果不能做到这一点的话，你就不能成为一名合格的领导者。"如果他们以长时间工作作为提升其他人的基础，当然，那些习惯长时间工作的人希望如此，因为他们本身就是在以这种标准来评价自己的工作——其他人就会遇到相同的问题。

不能与其他人合作共事的人将会给整个组织带来麻烦。他们无法领导员工发挥自己全部的聪明才智，不仅浪费了大家的时间，而且无谓消耗了自己的生命。

持续跟进，直至达成目标

持续跟进是执行的核心所在，所有善于执行的人都会带着宗教般的热情来跟进自己所制订的计划。持续跟进能够确保人们执行自己的预定任务，而且是按照预定的时间表。它能够暴露出规划和实际行动之间的差距，并迫使人们采取相应的行动来协调整个组织的工作进展。如果情况发生变化以致人们不能按照预定计划开展工作的话，领导者的持续跟进就可以确保执行人员及时得到新的指令，并根据环境的变化采取相应的行动。比如说，通用电气的高级领导人员都会在90天后（S组会议开始之前）对C组会议的决议执行情况持续跟进，他们会组织相关人员召开一次45分钟的电话会议，对那些时间跨度较长的项目所取得的阶段性成果进行讨论。

领导者可以采用一对一的方式跟进（如我们在第 3 章讨论的迪克·布朗的课后讨论会形式），也可以以小组讨论的形式来收集反馈。二者的区别就在于，在小组讨论的时候，每个参与讨论的人都能从中学到一点东西。持不同观点者之间的争论，使得人们能够看到决策的标准、判断的方式以及各种决策的利与弊。在提高人们判断能力的同时，这种讨论也加强了整个团队的凝聚力。

每次会议结束之后，你一定要制订一份清晰的跟进计划：目标是什么，谁负责这项任务，什么时候完成，通过何种方式完成，需要使用什么资源，下一次项目进度讨论什么时候进行，通过何种方式进行，将有哪些人参加。如果没有精力对某个项目进行彻底跟进（直到其最终渗透到整个组织的生命当中），我建议你千万不要批准这个项目。

拉里：一旦准备实施某个项目，我就一定要确保它能够切实完成，否则不仅浪费了我大量的时间和精力，还会大大降低我在下一次进行决策时的决断力。因为人们会想："天呀！我们要在这个项目上投入三个月时间，而那时老拉里可能早已将其抛之脑后了。"甚至他们的行动也可以表明对我的决策的怀疑态度。所以在每次进行决策的时候，我都会再三强调我们对该项目的信心以及我们实施该项目的决心。当然，对于有些项目来说，可能我们并不需要所有人的配合，但这并不意味着我们不需要树立别人对我们的信心，因为只有这样，人们在接到某项任务的时候才会对自己说："这次是来真的。"

如何做到知人善任

传统的面试方法并不能帮助你发现被试者的执行能力。在很多情况下，这种面试只能使你了解一个人曾经从事过哪些职业，以及他们所从事过的一些具体的工作。在这种面试当中，面试者并不能从谈话中衡量出被试者在以前的工作岗位上所表现出来的执行能力。比如，他如何安排自己工作的优先顺序？他在进行决策的时候是否会广泛征求别人的意见和建议？他工作中的成绩是否真的反映了他的实际能力，或者他只是侥幸逃过了一场由于自己的失误而导致的灾难？这样的事例层出不穷，有很多人都是将别人的功劳据为己有，却把自己的过失留给别人去承担。他们往往能够在危机爆发之前跳槽，而把一个烂摊子留给继任者去收拾。在这种情况下，即便面试官再三研究简历，也无法了解到事情的真相。

在面试的时候，你必须根据自己所掌握的材料在大脑中对被试者进行画像，接着你需要了解他们在以往和当前的工作中所取得的成就、他们思考问题的方式，以及他们工作的动力来源。

拉里：对领导者的培养应该在面试和评估应聘者的时候就已经开始。我并不是说人力资源部门和面试官的工作不重要，我只是认为企业在面试人员的时候应该更注重实际。当前的大部分面试流程都存在着很大的缺陷。有些人在面试中表现得相当好，而有的人则恰恰相反。在面试中表现不好的人却很可能正是这个工作的最佳人选。这就是为什么我建议面试官在面试应聘者的时候要学会深入了解，要知道自己应该如何从对方的回答中选择信息，还要学会收集更多的补充信息。这要消耗大量的精力，要占用很多时间，但最终的结果表明，你所做的这一切都是值得的。

我首先关注的是一个人对于执行的热情。应聘者是否会因为完成一项任务而激动万分，而不只是满足于无谓的空谈？他是否从学生时代起就全身心地投入到自己所做的每一件事情当中？他在哪所学校就读并不重要，关键是他在学校里的表现如何？他在过去的学习和工作中取得了哪些成绩？

这个人喜欢谈些什么？他是否喜欢具体的执行工作，还是只停留在对一些战略或理念性的东西夸夸其谈的层面上？他是否能够详细描述出自己在以往的工作中遇到了哪些困难？他是否能够描述出在以前的工作中，他的同事都起到了怎样的作用？他是否有能力说服和召集其他人共同完成一项艰巨的任务？

在对一位新来的应聘者进行评估的时候，我希望他所说的关于自己过去的每一件事都能得到印证。在很多情况下，我会直接打电话印证他说的每一句话。来到联信公司之后，我经常亲自验证很多应聘者的资历。我还记得有些 CEO 问我，"你为什么要打这些电话呢？"我的答案是，"这是我的个人习惯。"如果我准备聘请某个人的话，我希望能够亲自对其有所了解。而且我通常会打电话给两三个证明人，即便这样会花去很多时间。在我看来，如果能够聘请和培养最优秀的人才的话，花再多的时间也是值得的。

许多 CEO 告诉我，"你给这些证明人打的电话与其他人截然不同"。的确如此，因为我总是非常关心应聘者的工作热情、实施经验以及他们以往所取得的成绩。我会问那些证明人，"他是如何确定自己工作的优先次序？他的哪些品质最为突出？他在进行决策的时候是否会考虑别人的意见？他的工作伦理是怎样的？他是否对自己的工作充满热情？"等等。这些问题的答案常常能使我直接了解到一个人最本质的东西。

在给证明人打电话的时候，我通常希望能得到一个坦诚的答案。如果我认识证明人的话，我就会非常相信他所给的答案。当不能直接从我所认识的证明人那里得到答案的时候，我一般都会选择放弃聘请这个人的打算。但事实上，在大多数情况下，如果耐心调查一下的话，我总是能够找到一些我所认识的证明人咨询。

我之所以如此谨慎，就在于我在刚进入联信公司的时候犯下的一个错误。当时我聘请了一位高级营销执行官，但不久之后我就不得不让他离开，因为我发现他是一个典型的空谈家，整天夸夸其谈，却没有做出任何实际的成绩。在让他离开之后，我亲自给他的证明人打了一个电话。其中一个人告诉我——我跟这个人并没有任何私下里的交情，"毫不奇怪，这是他的一贯作风"。但当初这个证明人并没有向我说明这一点，因为他不希望给自己惹来麻烦。

所以，如果准备采取我这种方法的时候，我建议你一定要多打几个电话，力求了解到事情的真相。

人员评估应基于事实而非臆想

在大多数公司里，对内部应聘者进行评估和对外部应聘者进行评估一样困难。整个流程结构非常严谨，有时甚至到了官僚和机械的地步。一位正准备对应聘者进行评估的执行官通常都是从秘书准备的文件夹里获得关于这个人的资料，这就使得他对应聘者的了解在很大程度上受到了局限。

在浏览一个人以往记录的时候，你必须对这个人的工作情况进行详细了解。他以往都取得了哪些成就？在取得这些成就的过程中，他都克服了哪些困难？他的领导协调能力如何？是否能有效地激励下属完成任务呢？

传统的机械式评估过程常常会遗漏一个重要因素：在以前的工作过程当中，应聘者取得成功的方式会对其所在的组织产生怎样的影响？是会增强整个组织的业务水平还是更多地起到了一种削弱的作用？他们完成任务的方式至少和他们"是否完成了这个任务"这个问题同样重要。在很多情况下，以一种错误的方式完成任务甚至会给这个组织带来毁灭性的打击。

在机械式的评估当中，人们很容易对应聘者是否完成任务这个问题做出回答：这是他的任务目标，这是他所实际完成的水平，两者比较，结果自然就出来了。但在完成这个任务的过程中，是否还有另一些因素在发挥作用呢？他是否真的力挽狂澜，克服重重困难实现目标，还是以牺牲公司的长远利益为代价而取得暂时的成功呢？在完成任务的过程中，他是否合理地分配了工作，给予那些有潜力的人足够的机遇来培养自己的领导能力呢？这些问题都无法在一个人的简历上找到答案。

以错误的方式完成任务有时甚至会带来极为严重的后果。朗讯和其他的一些电信设备供应商之所以陷入今天的困境，其罪魁祸首就是领导者杀鸡取卵的行为——为了迅速提高收入水平，他们盲目向经销商承诺，"如果产品卖不出去的话，我们可以收回所有的积压库存"。

下面我们将给出一个更为典型的例子。假设大卫和迈克去年都实现了自己的预定目标，而苏珊却没有。如果公司领导者采用机械（有人更愿意将其称之为"客观"）的方式对三个人的工作进行评估的话，大卫和迈克应该受到奖励。但如果详细了解形势的话，你就会得到一个截然不同的答案。

大卫的成功来得相当容易，他所在的市场发展潜力超出了当初的预期水平。事实上，如果工作足够出色的话，他应该超出预定目标的 20%。而对于苏珊来说，由于原料短缺导致成本增加，整个行业的利润都普遍呈现出一种下滑的趋势。如果不是苏珊及时采取措施提高生产力的话，该部门遭遇的损失可能更大，而且她在经营业绩上已经远远超过了其他的竞争对手。

至于迈克，他所在的行业也遭受了沉重打击，但他还是克服重重困难完成了预定任务。但他的这个成功却是以推迟两种新产品的上市为代价的，同时为了完成销售额，他还强制性地向公司的销售渠道中积压了大批产品——长远看来，这必将引起产品积压，从而给公司带来更大的伤害。换句话说，他是从未来借债来渡过眼前的难关。

实际上，如果说只有一个人能得到奖励的话，这个人就是苏珊。然而，现实一次又一次地证明，在进行业绩评估的时候，人们总是倾向于把数字作为唯一的标准。当那些实际并没有做出太大贡献的人得到奖励的时候，整个组织就会陷入一种混乱的状态，那些真正优秀却没有得到奖励的人将变得非常灰心，纷纷寻找其他的出路。

而正确的评估方法应当是，领导者应当对被评估者完成任务的方式抱有同样的关注。哪些人能够始终如一地完成任务？哪些人更加聪明、更加富有进取心，能够在面对困难的时候通过颇富创造性的方式解决问题？哪些人只是凭借运气取得了成功，而且丝毫没有采取措施取得更好的成果？哪些人为了完成任务而不惜牺牲整个组织的士气和长期利益？

在进行业绩评估的过程中，坦诚的对话显得尤其重要。如果人们在对他人进行评估的时候不能坦诚相见，整个评估流程就会变得毫无意义——无论是对于整个组织还是对于需要听取反馈的个人都是如此。

然而，在企业的日常运营中，我们所见过的大多数人从来没有得到过别人诚实的评价。原因很简单：对于评估者来说，诚实是需要勇气的。经理们会想，如果我坐下来，告诉对方他的行为有问题，那肯定会导致一场对抗性的讨论，我可不愿意和他争辩。如果没有正确的引导、练习和支持，大多数经理都不会有足够的勇气指出同事的缺点。

在联信公司与霍尼韦尔合并之前，唐·雷德林格一直担任联信公司的人力资源部门主管，而且他在 2001 年的时候又被聘请到霍尼韦尔负责同样的工作。根据他的回忆，在博西迪上任之前，

"公司的业绩评估通常是一个非常让人高兴的过程。我坐在自己的下属面前，告诉他，'哈里，你知道吗，你在这六件事情上的表现棒极了'。随后我会用一种极其委婉的口气说，'只不过在与人交往方面，你需要有一些改进'。然后我又会用其他称赞来掩盖刚刚这条建议带来的不快"。每件事情都是这样进行的，大家都知道问题所在，却又心照不宣，不愿把问题公开化。

"而真正的评估人员应该这样想，如果直接告诉对方他的问题所在，我可以帮助他改进许多。如果你和老板坐下来聊了半天，老板却丝毫没有谈到你在哪方面出了问题的话，你根本不会从他身上学到任何东西。"

拉里：我曾经告诫公司里的许多领导人员，在对下属进行评估的时候一定要使用日常语言，只有这样才能真正使人力资源管理人员使用一种新的角度评判一个人。比如说，我会告诉本公司的人力资源部门经理，"这是我的评估。在亲自见到了这个人之后，你对我的评估有什么不同的意见吗？"然后我会认真考虑他们提出的意见，并将其转换成为我评估的一部分。虽然会广泛听取意见，但我基本上还是把评估工作看成是自己的职责所在。那些接受评估的人会感到是我，而不是其他人，在对他们的工作进行总结。

在一次有效而坦诚的评估当中，评估者总是会告诉对方他哪些方面表现得很好，以及哪些地方需要改进——就是这么简单。双方都非常直接，非常具体，而且没有一句废话。这样的评估不仅是最有效率的，而且是最有用的。

比如说，如果你正在对某人进行评估，你可以告诉他："你是一个非常有抱负的人，做事总是充满热情，而且与同事相处得很好。你善于分析，而且具有很强的团队作业能力，但我还是需要对你提出一些改进建议。首先，你还不够积极，有时做事也不够果断，你给自己定的标准也不够高，而且你也没有按照我们的要求来推进整个组织的工作——去年你就没有提拔足够的人。"在这个过程中，你可以使用一些具体的例子来使对方认同你的观点。

评估的时候应该就事论事，不能超出对方的工作背景。比如，在霍尼韦尔，我们的领导层经常把人员、运营和战略结合起来看，所以他们总是会从这些方面分析一个人的表现。如果一个在运营方面表现很好的人需要在战略方面有所改进，我们就会直接告诉他，"这是你应该努力改进的方向"。

如果口头的告诫不起作用怎么办？这时领导者就需要采取其他的方法，"我们需要给这个人一些指导"，或者"他需要换一个工作"。

然后领导者就会坐下来和对方就评估的结果进行讨论。如果我在进行评估的话，我会在结束的时候告诉对方："我的忠告是，你应该在以下这些方面做出改进……"在他表达了自己的意见之后，我会告诉他："好的，我们也认为有些方面属于你的个人特点，你很难改正。但我们还是建议你应该努力提高自己，克服那些人所公认的缺点。"最后，那些接受评估的人通常会说："好的，你提出了一些很好的建议，非常感谢。我承认自己在许多方面还需要接受进一步的指导，如果可能的话，我会尽快参加一些指导性课程，以此来弥补自己的这些不足。"

这种评估是霍尼韦尔的普遍现象，每天都在进行，每个人都接受过这样的评估。每次视察一家工厂或一个部门的时候，我总是会浏览一下那里的高层领导的评估结果。在很多情况下，根据评估结果，我就能看出这位经理是否合格，并决定应该对其进行怎样的处理。有时我会给每个人发放一份五六页纸的工作备忘录，然后在六个月之后检查这些人的执行情况。

我相信，如果你能够把这些方法贯彻到自己的组织当中，它最终必将给你的组织带来革命性的影响。

* * *

但对于那些还不习惯于给出坦诚的评估的领导者来说，他们可能需要很长的一段时间去适应这种评估方式。"他们会进行抵制，"雷德林格说，"怎样才能使他们理解这样做的必要性呢？即使在我们的公司，刚开始实行这种方法的时候也引起了很多人的不满。有时你必须采取一种非常极端的方式才能引起人们的注意。有人会说，'老哈里干得不错'，然后就会有人回答道，'你不是在开玩笑吧，这家伙是个混蛋，他什么事也办不成，整天就会吹牛'。接下来我们会对老哈里进行一番争论，最后大家都对他有了更深入的了解。"

"坦诚的评估能够使人们更加清楚地认识自身的特点。随着整个组织不断取得进步，人们也逐渐认识到，在推进组织前进的同时，他们自身也得到了巨大的提高，而且在这个过程中，组织中的谈话方式也会发生实质性的变化。人们不再为个体成员的业绩和素质争论不休，他们会把重点放在如何帮助别人取得进步上面，从而使整个组织的素质不断得到改进。"

知人善任并不是一件非常困难的事，关键在于如何通过一种系统而一致的方式来评估和培养你的员工。

至此，我们在第二部分中一共讨论了三个要素，如果说执行过程中有三个核心流程的话，这三个要素就构成了这些核心流程的基础。如果你的企业拥有一批行为适当的领导者、一个崇尚执行的企业文化，以及一个能够保证知人善任的系统，那么它就为你有效管理这三个流程准备了充分的前提条件。

第三部分

执行的三个核心流程

EXECUTION

第6章

人员选育流程：在战略和运营之间建立联系

人员选育流程比战略或运营实施流程都更为重要。毕竟，无论是对市场情况的判断、根据判断制定相应战略，还是将这些战略付诸实施，人的因素都是至关重要的。简单地说，如果人员管理流程出了问题，你将永远不可能充分发挥自己企业的潜力。

一个运营有效的人员选育流程至少要完成三个方面的任务：对个人进行深入而准确的评估，为培养新的领导层——为了在整个组织范围内更好地实施战略——提供指导性框架，以及建设完备的领导梯队。

但实际上，只有很少数的公司能够同时完成这几项任务。传统的人员选育流程的一个最大不足就是它通常是往后看的，也就是说，它更注重人们眼下和以前的表现。但实际上，一个人的潜力如何，更为重要的是看他能否处理明天的问题。有很多这样的人，他们虽然能够很好地处理当前的问题，却无法将自己的部门或组织成功地带到下一个发展阶段。在很多情况下，许多公司甚至都是在财务结果出来以后才想着手调整领导层。这样的人员评估有什么意义呢？

拉姆：这种人员评估方式有时会给企业带来数以十亿计的损失。我就曾经听说过这样一件事。几年前，一家市值 40 亿美元的化学公司的 CEO 投资 2.5 亿美元在印度尼西亚建了一座工厂。当时他正准备将资源从发展缓慢的美国市场转移到发展中国家，建造这座工厂正是他战略的一部分。他把这项任务交给了他在巴西的一位工厂经理人员，这个人在巴西的工作非常出色。2001 年早些时候，这位 CEO 给我打电话，告诉我："你愿意去印度尼西亚吗？我在那边的投资陷入了困境。你能帮我一下吗？"然后我就去了雅加达，到了那里之后，我发现情况已经到了不可收拾的地步。由于工程延期，工厂的开工远远超出了预定期限。那位工厂经理无法处理承包商的要求，没有申请到许可证，无法解决与工会之间存在的分歧，甚至都不能招聘到自己需要的人手。无论如何，工厂最终还是投产了，但又卖不出自己生产的产品。

显然，这位经理并不适合管理在印度尼西亚的业务。实际上，即使是在巴西（在印度尼西亚表现得更为明显），他也根本不懂得如何去执行一项计划。是的，他在巴西的工作非常出色，但从根本上来说，他还是一名技术人员，而非职业经理人。他并不懂得如何处理公司与客户和市场的关系，不懂得什么是明智的定价策略。他不懂得在一个国家里（如印度尼西亚）如何去培养和维持与各级政府部门的关系。他无法进入当地的政治圈，但这是进入当地市场的一个前提条件。他不能从全局上把握企业的经营要领，甚至不懂得如何去衡量一个企业是盈利还是亏损，更不会去选择适当的人选。而且，即便是在这种情况下，他和总部之间也没有建立任何真正的接触——总部也没有派人去了解印度尼西亚的情况。公司的20名高级主管没有一个人去过印度尼西亚，即便是在度假的时候。所有的建议都是从一家美国的咨询公司花钱买来的，对处理当地现实情况根本没有任何帮助。

既然这个公司愿意投入2.5亿美元在印度尼西亚设立工厂，它为什么不首先采取措施对当地的情况进行详细的了解呢？这位CEO理论上认为自己所需要的这位经理人员精通技术细节，并且来自发展中国家，于是这样的人一定能够处理好公司在另一个发展中国家的业务，所以他就没有采取任何措施对这位经理人员的领导素质进行认真的了解。

显然，这位CEO的选择出了问题，其实这是一种非常普遍的现象。无论是要向海外扩展还是要发起一个新的国内项目，大多数领导者都应该首先问自己这样几个基本的问题：应当派谁来负责这个项目，他们有这个能力吗？

战略本身通常不会有太大问题，但由于没有选对人手，许多公司都没有品尝到最终胜利的果实。在返回美国的时候，我建议这位CEO停止这笔投资。最终他也放弃了在印度尼西亚继续发展的计划，将这家工厂搬到了另一个国家。

与这家公司截然相反的是另外一家总部位于美国的跨国公司。该公司在自己的领域里做到了行业第三的位置，为股东带来了非

常丰厚的回报；在过去的十年里，该公司的股票价格几乎上涨了
25 个百分点。

1997 年，该公司出现了一次非常关键的人员选择问题。公司
在欧洲的表现一直不能让人满意。每个国家的分公司都有自己的
战略，而公司的欧洲战略又是这些战略的一种非常不成功的综合。
由于没有能力实现欧洲各国分公司之间的联合，公司当时主管欧
洲事务的 CEO 已经到了要退休的地步。

显然，在这种情况下，欧洲最需要的是一位能通过一种泛欧
洲战略并能够有力地将其付诸实施的领导者。而且，对于这位领
导者来说，如果能在欧洲取得成功的话，他就将成为下届公司总
裁的最佳人选。所以公司对未来的这位欧洲事务领导者的要求非
常明确：他必须从深度和广度上对自己的行业有着足够的了解，
而且必须能够随时感觉到外部变化，并及时进行相应的战略调整
以适应这些变化；他还必须能够迅速而深入地建立一个新的管理
团队，并立刻制定出一份行之有效的战略。

从传统的角度来说，适合这个工作岗位的人选应当来自美国
或者欧洲。但根据当时的现实情况，公司内部的人才储备库中并
没有人能够满足所有这些条件。随着讨论的不断深入，一位来自
发展中国家的领导者开始进入人们的视线：他目前担任其母国分
公司的总经理，并在以往三年的工作中取得了出乎意料的业绩。
在很多（如果不是大多数的话）公司里，人们根本不会考虑到这个
人——他们宁愿到公司外面聘请其他候选人，但经过仔细考虑之
后，公司领导层还是决定让他来主管公司在欧洲的业务发展。结

果表明，他在新的工作岗位上也取得了巨大成功，而且到 2002 年的时候，他已经成为公司总裁的一个强有力的候选人。

* * *

当然，在很多情况下，工作岗位和候选人之间的搭配并不是非常明显的。有时新的被选中的候选人并不比他的前任更加优秀，他之所以被选中，只不过是因为他更加适合把这项业务推进到下一阶段罢了。

拉姆：比如，一家大公司的某个主要部门的经理曾成功地在 20 世纪 80 年代末期到 90 年代末期的十年时间里将该部门在行业中的地位由第三名推进到第一名。他首先将本部门的业务推广到全球，在原有的产品上增加了许多新的服务，并迅速提高了本部门的生产力。公司里面很少有人能取得如此之大的成就。

但在一次战略讨论会上，该公司的高级领导层认为，该部门未来的收入增长将在很大程度上取决于其对市场需求的富有想象力的重新定义，以及那些能够使用新技术来降低产品价格的新产品的快速开发。通过将战略要求与人员选育流程的结合，公司 CEO 得出这样一个结论：虽然这位经理工作得非常出色，但为了实现下一步的发展，该部门还是需要一位新的领导者和一个新的管理团队。

对于这位经理来说，这个决策是一个沉重的打击。作为补偿，公司把交接过程延长到几个月，给这位经理提供了足够的时间和支持来帮助他找到一个新的工作。事实证明，他最终找到了一个更加适合自己的工作岗位，并在这个岗位上一直待到了退休。回想起来，这位 CEO 的决策虽然显得过于残酷，但也不能不说是非常明智的。在更换领导者和新的管理团队之后，该部门年收入增长率达到 15%，利润额增长率高达 18%。

正如我们前面谈到的，一位靠牺牲公司长远利益来满足眼前目标的领导者足以将自己的公司置于死地。我曾经认识过一些执行官，他们的行为已经严重阻碍了公司管理团队的有效协作，扼杀了整个组织的活力，最终只能落得被迫辞职。从公司的角度来说，这样的人一定不能提拔到那些非常关键的岗位上，而做到这一点的关键就是要随时准确地了解这些人的行为。

在很多组织当中，为了建立一种执行文化，即使高层领导也需要改变自己的行为。几年前，我曾经供职于一家大型铁路公司，公司执行副总裁的行为就给整个组织带来了难以想象的负面影响。从人际关系的角度来说，这位执行副总裁——姑且称之为琼斯吧，是一个充满个人魅力的人；但从工作的角度来说，他却是一个不折不扣的暴君，经常在举行电话会议的时候把自己的下属骂得狗血喷头。所有的人都意识到，他的行为违反了公司新近制定的价值观念：尊重个人。由于控制了 80% 的预算和员工，他掌握了员工的生杀大权，足以造就或终结一个人的职业生涯。

遭受这种人格侮辱的还不只是琼斯的下属，他对自己的同辈，乃至公司 CEO，也缺乏基本的礼貌。这位 CEO 以前曾经离开过公司一段时间，在返回公司之后不久即被任命为 CEO。可琼斯认为本来应该是自己坐到这个位置上，所以他对现任 CEO 怀恨有加。

这位 CEO 是一个非常聪明、彬彬有礼、行为得体的绅士，他试图改变琼斯的行为，但一直没有取得成功。考虑到他对公司曾经做出的贡献，CEO 还是采取了容忍的态度。

一天，我参加了铁路执行委员会举行的会议。这位 CEO 以一种非常温和、非常礼貌的方式指出，为了满足公司下一阶段的发展目标，琼斯需要对其原有的部门进行大规模的重新调整。琼斯的反应让人感到惊讶，他骂骂咧咧，明确告诉这位 CEO，"这绝对不可能"。琼斯之所以这样做，是因为他知道这位 CEO 是个非常温和的人，而且他相信董事会也不会容许自己被解雇的。而且，琼斯相信，如果自己被解雇的话，整个公司马上就会陷入瘫痪状态。但这位 CEO 这次没有继续自己的容忍政策，一个月后，琼斯被解雇了——整个公司都松了一口气。随后，他的下属接替了他的工作，通过重新调整成本结构，该公司的股票价格四年之内翻了一番。

像琼斯这样的执行官不仅扼杀了公司的活力，而且阻碍了个人的发展，是任何一位合格的领导者都应该予以坚决抵制的。

* * *

一个强有力的人员选育流程实际上提供了一个强有力的框架，该框架足以确定整个组织在今后一段时期内的人才需求水平，并帮助领导者为满足这种人才需求水平做出相应的行动规划。从根本上来说，人员选育流程作用的发挥主要建立在以下几个要素之上：

- 与公司战略规划及其各阶段目标（包括财务目标及其他各
  方面的目标）之间的联系。
- 通过持续改进（continuous improvement）、继任者培养
  （succession depth）和降低离职风险（reducing retention
  risk），为公司提供完善的领导层培养渠道。
- 对表现不佳的人员做出处理决定。
- 改变人力资源部门的使命和运营管理。

基石一：将人员与公司战略和运营分别结合起来

人员选育流程的第一个要素是它与公司在各阶段的发展目标
（包括为期 2 年以内的短期目标、为期 2 ~ 5 年的中期目标，以及
时间跨度为 5 年以上的长期目标）和运营计划目标之间存在着的联
系。为了建立这种联系，企业领导者必须确保有足够适当的人选
来执行预定的战略。

比如说有一家名叫 XYZ 的公司，它的主要业务是为飞机制造
商提供零部件。根据新制定的发展战略，公司将把自己的业务范
围由零部件产品扩展到解决方案，包括那些能够挽留客户，并同
时带来一定收入的售后服务项目。它的目标还包括要争取到非航
空业客户。为了配合这项战略的实施，人员选育流程必须为公司
配备一些掌握这些技能的新的人员组合。虽然目前公司有很多人
都是自己行业内的佼佼者，但为了执行新的战略，公司却不得不
对自己的领导团队进行重新评估，并聘请一些新的销售人才。哪

些人的技能已经过时了呢？如何对工程师进行培训，以使其能够适应新的岗位需求？培训需要多长时间？谁来负责？

一个组织当中总有一些目前表现比较优异但无法满足组织未来发展需要的人，对这种人员的确定是一个比较复杂的社会流程——谁愿意告诉那些在当前岗位上表现出色的员工，"你不适合公司下一阶段的发展目标"呢？但这个流程是谁也无法逃避的，我们描述的这种人员选育流程使得领导者不得不直面这个问题。

人员、战略和运营之间的结合还可以帮助组织发现自己在未来的一段时间里即将面对的挑战。XYZ 公司需要对自己的供应链管理进行改进，对于一家准备向现有客户提供服务的组织来说，这种改进是关键而必要的。为了完成这种改进，公司不仅需要聘请新的专业人才，而且需要对售后服务部门进行改进，使其成为一个直接对公司总裁负责的部门，专注于新的工作，并担负起新的责任。

战　　略

成为全球范围内名列前茅的 XYZ 系统提供商，大力扩展客户对象范围。阶段性战略目标如表所示。

阶段性战略目标

短期（0 ~ 2 年）	中期（2 ~ 5 年）	长期（5 年以上）
增加业务范围，由现在的提供产品扩展到提供解决方案	为现有客户提供更深层次的服务	在技术上达到领先水平
启动新的项目，为公司现有客户提供新的服务	为新客户提供解决方案	建立更有效的战略联盟
获得必要的人才	对业内同行进行评估，寻求新的合作伙伴	建立更合理的成本结构

基石二：通过持续改进、继任者培养和降低离职率 构建领导梯队

为了实现中期和长期目标，公司必须建立完善的领导层培养渠道。你首先需要确定哪些人非常有潜力，应该得到重用，然后确定需要对其进行哪方面的培养，以使其更加胜任未来的工作岗位。这些工作最终将为你的公司建立一个数量多、素质高的领导人才库群体。对于一个组织来说，没有什么比这个更重要了。

领导力评估总结　在构建领导梯队的过程中，领导力评估总结图（见图 6-1）无疑是一种非常有用的工具。该总结将一个小组中每个人的业绩与行为进行了一番对比。比如说，在 XYZ 公司，该表格不仅显示了哪些销售主管赢得了一份大合同（业绩），还显示了在此过程中，有哪些人得到了别人的配合，哪些人属于孤军作战（行为）。解决方案的销售通常属于一种团队作业，所以那些喜欢充当个人英雄的销售人员就需要培养一种新的行为习惯。

领导力评估总结图可以使我们清楚地看到，哪些人拥有较高的潜力，哪些人应当得到提拔；那些既拥有较高潜力又应当得到提拔的人被放在右上栏。类似地，它还可以告诉我们，哪些人虽然已经达到了标准，但还需要一些行为改进，以及哪些人在业绩和行为两个方面都没有达到标准。实际上，领导力评估总结图是多种信息的综合，它包括了一个组织的不断改进总结，继承深度分析和挽留风险分析。

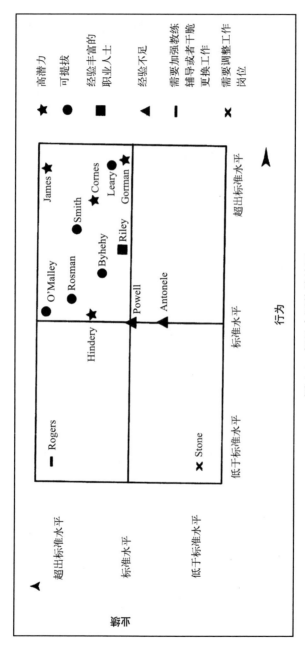

图 6-1　领导力评估总结图

持续改进总结 表面上看来，不断改进总结图（见图 6-2）非常类似于传统的业绩评估表格。二者的不同之处就在于，不断改进总结图不仅包括了一些关键的业绩指标，比如取得的成就和没有完成的目标，还包括了一些关于人员培养需要的非常清晰、具体和有用的信息。从这个角度上来说，不断改进总结图可以帮助员工提高自己的业绩水平。

让我们以某公司的营销副总裁苏珊·詹姆士为例。根据领导力评估总结图上的结果，她被认为是一位高潜力人士。她在 2001 年的工作可谓硕果累累：她不仅为新的解决方案销售制定了新的市场战略，还为欧洲市场制定了营销和利润改进战略。2002 年，她的工作重点就是继续将她所制定的市场战略推向深入，尤其是在供应链管理方面。虽然已经做到以客户为核心，并对自己的行业和产品有了非常深刻的了解，可她还是需要进行一些重大的改进。比如，她必须学会如何通过指导来组建新的团队，还要帮助那些表现达不到预期水平的下属——尤其是那些在欧洲市场工作的员工。同时，为了配合销售方案销售项目的开展，她还要招聘许多员工，并帮助这些员工尽快融入整个组织当中。

不断改进总结为组织未来的领导者选拔奠定了良好的基础，培养了一大批能够承担更大责任的领导者候选人。苏珊还要在她现在的工作岗位上再待两年，此后她的下一个工作将是部门总裁。

继任者培养和降低离职率 继任者培养和降低离职率分析是一个组织进行人才规划和建立领导者输送渠道的基础。综合在一起之后，这两项工作的实际内容就等于这样一个口号："人才是我们最重要的资产，也是我们以后讨论个体发展需要和工作变动的基础。"除此之外，继任者培养和降低离职率的另一个重要作用是挽留人才，同时替换掉那些业绩没有达到期望标准的员工。

员工姓名：苏珊·詹姆士，营销部门副总裁			成功、特点及行为
技能	优秀	一般水平	低于一般水平
商业敏感	·		
对客户的关注		·	
战略洞察力	·		
愿景和目的	·		
价值观和伦理道德	·		
行动力	·		
责任感	·		
团队协作能力		·	
创新能力		·	
工作分配能力		·	
人员培养能力		·	
业绩	·		

结果

2001 年主要成绩
- 为销售环境解决方案制定了销售后市场战略
- 为欧洲市场制定了营销和利润改进战略

2002 年没有完成的目标任务
- 在中国香港和法国市场的表现未能令人满意
- 没能为大中华市场聘请到一位中国籍营销主管

2001 年的主要工作内容
- 继续执行市场推广后的销售跟进战略

主要优点

- 卓越的商业洞察力
- 自身能够维持较高的标准，为其他人树立了良好的典范

培养需求
- 需要在人员招聘方面进一步提高
- 必须投入更多精力来培养新人
- 需要采取措施，尽快更换那些能力不强的员工

培养计划
- 需要在人才开发方面得到教练辅导

未来两年内的可能去向
- 继续留在现在的工作岗位上
- 如果能够有较大改进的话，她或许能够自己管理一个业务部门

图 6-2 持续改进总结图

降低离职率主要关注一个人的销售能力、流动性潜力，以及他的离开可能给公司带来的损害。如果在当前的岗位上工作时间过长的话，他很可能感到自己升迁无望了，在这种情况下，他就很容易产生跳槽的念头。比如说苏珊，她对公司在未来的发展至关重要，如果她要离开的话，XYZ公司肯定会尽力挽留她。公司可能会立刻认识到她的重要性，对她的成就进行奖励，同时向她解释公司的未来计划。同时，为了激发她的斗志，公司还会给她更多升迁的机会。

继任者培养讨论的是一家公司是否有足够的高潜力人才来担负起关键岗位的工作。同时，它还能确保一些具有很高潜力的人才不会被闲置在自己的工作岗位上，而且他们不会轻易跳槽到其他公司。

在一些像通用电气、高露洁和霍尼韦尔这样的大公司里，人员选育流程已经给它们带来了巨大的竞争优势。在20世纪90年代中期，通用电气已经由于其人才培养而闻名企业界，而它的所有部门总裁也都成了公司竭尽全力挽留的对象。这些人不断在各大公司的高级领导人会议上被谈到，并且成为顶级猎头公司瞄准的目标。针对这种情况，通用电气举行了一个论坛，专门讨论公司应如何通过股票期权等方式来挽留他们。尽管如此，可当一个处于重要岗位上的人离开之后，公司还是能够在24小时之内找到合适的人选来接替他的工作。比如，当通用电气家用电器部门总裁拉里·约翰逊于2001年宣布自己将前往阿尔伯森担任CEO的时候，公司当天就宣布了他的继任者准备上任，并于同一天宣布了该部门各级人员的相应调动情况。

随时发现那些具有很高潜力和可以提拔的人，这种做法可以帮助公司避免两个危险。一个是组织惰性，当长久没有工作变动的时候，整个组织就会表现出一种明显的惰性。第二个问题是升迁过快（一个明显的例子就是，很多网络公司都是由那些20岁出头、丝毫没有管理经验的年轻人在主持大局。）

拉姆：如果处理不当的话，继任者培养、对未来领导者的挽留以及对当下经济现实的满足之间的平衡取舍就可能会给公司带来巨大的麻烦。最近一家大型多种经营公司就遇到了这种麻烦。

该公司的第二大部门（就利润贡献的角度而言）一直处于不断扩展之中。但当时的经济形势已经开始恶化——行业出现负增长，而且至少在未来两年时间内不会有任何转好的迹象。该部门总裁明年就要退休，所以他的继任者将面临重大挑战。除了成本削减措施之外，他还需要从成本控制中心开始对部门进行重组，包括各自的生产线、营销、法律、人力资源、财务和工程人员，直到各级管理人员，都将面临重新调整。

当时准备接替这项工作的有两个候选人。一个是保罗，他当时40岁，是一位非常成功的营销人员，深受客户和同事们的赞赏，他来自本部门，被认为非常有可能在七八年时间内成为本部门的CEO。另一位候选人名叫罗杰，大约55岁，是一位经验丰富的经理人员，曾经在其他两个部门有过辉煌的纪录。由于还有六年就要退休了，所以他不大可能成为未来的CEO。

公司CEO非常欣赏保罗，但部门总裁却由于不断恶化的经济形势而对这个年轻人产生了怀疑。他认为，根据当前的经济形势，公司需要采取强硬措施削减成本、与供应商谈判，甚至对整个企业进行重新定位，所以他担心从来没有主持过成本控制工作的保罗可能无法胜任这项工作。而罗杰却很有可能取得成功，毕竟，他有着丰富的成本控制工作经验，而且能够做出一些比较强硬的决策。

但在 CEO 看来，如果让罗杰担任这项工作，公司的继承渠道很可能出现断裂。保罗很可能会选择辞职，而其他正准备进入继承渠道的人也会重新考虑自己的前途。而且，他还认为，如果选择罗杰的话，渠道中的其他领导者会认为公司在提拔人才的时候过于谨慎了。"我们可以先让保罗试一下，"CEO 说，"他是好样的，我相信他一定能胜任这份工作。"部门总裁表示反对，"但如果选择错误的话，我们面临的将是一场灾难。"他说道，"这个部门对我们公司非常重要，如果出了问题，华尔街不会原谅我们的。而且坦白地说，我并不认为保罗是一个合适的人选。"

一番讨论之后，CEO 和部门总裁认为他们需要听取更多的意见。随后他们和公司的 CFO 以及人力资源部门主管一起组成了一个四人小组，他们一起激烈争论了四个小时，最终大家一致同意保罗并不是这份工作的最佳人选——在讨论的过程中，大家对保罗有了更多的了解。从记录上来说，他并没有任何大的过失，但问题是他没有遇到什么逆境，所以他很可能无法应付公司当前所面临的形势。而且，他们还认为保罗也不能被列入公司 CEO 的候选人名单。

从这次经历当中，该公司的高级领导团队学到了一个重要的教训。由于意识到了自己不能单从表面上判断一个人的潜力水平，他们决定为公司的领导输送管道建立更为严格的标准。

霍尼韦尔的人才评估

人才评估是人员选育流程的主要互动沟通机制。在霍尼韦尔，这些评估被称为管理资源评估（management resource review, MRR）。它们通常都是在春季和秋季举行，为期两天，而且一般是在战略和运营会议之间。人才评估的活动范围被扩展到了整个公司，从 CEO 到各业务部门的总经理。在进行人才评估的时候，人们不仅要评价被评选者在当前这份工作中的表现水平，还要对那些潜在的继任者进行评估，并根据评估结果对被评选者的工作岗位进行调整。人才评估还将就那些无法胜任自己当前工作的人进行讨论，并设法制定出相应的解决方案，是要对他们进行更多的指导，还是要给他们调换工作岗位？对于那些可能离职或被开除的员工，领导者必须准备好接替他的人。除了个体人员的评估之外，人才评估还将涉及组织设计、一般人才开发和技能需求（以适应新战略的要求）。

在霍尼韦尔，领导者们花了大量的时间为 MRR 进行准备。他们不仅要对那些向自己直接汇报的下属负责，还要考虑到对这些下属进行直接汇报的人。他们不仅要展示自己的观点，还要为随之而来的讨论做好准备——如果有人反对的话，他们要能够为自己的观点辩护。有人会问他们准备采取哪些措施来培养公司的员工，他们是否正在成长并日趋走向成熟？为什么有些人表现会如此不佳，领导者们准备采取哪些措施来处理这些人？公司是否兑现了自己培养个体职员的诺言——他是否得到了应有的指导，或者是否已经被调换到了其他工作岗位上？

在进行会议的前一周，准备参加人才评估会议的人必须事先提交自己的评估报告，而且那些没有达到要求的评估还将被退还给个人，重写一遍——保持整个流程的诚实性是必要的。

拉里： 为什么有的评估会被退还给原作者呢？其中一个原因就是他们所使用的语言过于温和。比如说，一位评估者可能会这样描述一个人，"很好"。在回答这位被评估人员需要接受哪些指导这个问题时，他的答案可能是"无"。这位经理真的是一位完美无瑕的人吗？即使上帝也有缺点啊！再高明的领导也无法帮助一个自认为根本不需要任何帮助的下属。我告诉这些人，"回去重新进行评估，真正的评估"。有的时候，也可能是由于评估本身绝对坦诚，但执行官却没有和被评估的人进行过有效的交流，这种评估也是没有任何实际意义的。

有的时候，在评估中被忽略的那些重要问题可以在举行会议的时候被重新列入讨论议题。比如说，在某个人的评估报告中列出的培养需要是："优柔寡断、过于冲动，不能听从别人的劝告。"然后在进行会议讨论的时候，评估者又加入了一条，"他还有一些其他的行为问题"。为什么这句话开始的时候没有写在评估表格上呢？经理人员又是如何知道的呢？我告诉他："在你还没有和被评估者进行充分沟通之前不要对我说。如果他真的有什么行为问题，你应该在评估报告中明确指出，并让被评估者知道。"

我们之所以要举行这些会议，其中一个重要的目的就是广开言路，听取多方面的意见。因为即便最优秀的领导也不能仅凭个人的印象来评判一个人。其实这种公开评估之所以有必要，其原因就在于它能够在某种程度上有效克服单独评估过程中的主观性。之所以说是"在某种程度上"，是因为当几个人同时对一个自己熟悉的人进行评估的时候，本来是主观的评价也可能具有了一种表面上的客观性。

拉姆：在人才评估的过程中，你会惊讶于一个小组是如何能够如此精确、彻底而迅速地发现当前组织中存在的主要问题。在我曾经为其提供咨询的一家公司里，我就遇到过这样一件事。当时公司的高级执行官正在和一个小组一起讨论把沃尔特（时任公司营销副总裁，34岁）安排到运营部门去工作。沃尔特是一个非常聪明、和蔼、精力充沛、口齿伶俐而且非常值得信赖的人。董事会对其青睐有加，实际上，他已经被列入公司未来CEO的候选人名单。当时的CEO本人也相信沃尔特是最有可能继承他职位的候选人。运营部门的工作就是向着这个方向的一个极为重要的步骤。

小组中的几名成员曾经观察过沃尔特一段时间，而且他们还从其他一些曾经和沃尔特共事过的人那里收集了评估资料。在进行讨论的过程中，人们开始对沃尔特的行为有了三点新的认识——CEO也从来没有考虑到这些。首先，虽然沃尔特是一个非常有想法的人，但他很少对自己所制订计划的实施情况进行跟进，他总是把执行工作交给别人。其次，他是如此迫切地获取大额订单，以致他经常会忽视该订单对于公司资本投资的影响——对于一家资本密集、高债务而且边际利润比较低的公司来说，这可是一个致命的弱点。最后，他总是喜欢参加大的项目，从而忽视了很多规模虽小但利润却更为丰厚的其他项目。

这些都是非常具体的行为，直接来自那些曾经和他并肩作战过的同事。这次讨论的时间不到 20 分钟，但执行官们包括 CEO 很快就得出结论：沃尔特需要进一步提高，从目前的情况来看，他既不适合接替运营部门的工作，也不应该成为公司 CEO 的候选人。

所以我建议，当你准备真正了解某个人的时候，最好的办法就是找五个认识这个人的人，把他们集中到一间屋子里，大家开诚布公，分享彼此对这个人的观点，直到最终达成共识。客观的评判应当是集思广益的结果，这也就是人员选育流程的核心所在。

拉里：在进行评估的时候，有的时候我无法足够清晰地表达自己的思想。在这种情况下，和其他领导者之间的交流就可以帮助我克服这个缺点。

比如说，在一个人才评估小组当中，我们中的四个人在对韦尔（一名三年前来到我们公司的工程师，是个很有抱负的家伙）进行评估。他当时正担任公司某部门的主管。在浏览了他的领导准备的关于他的资料之后，我们得出了这样一些结论：他精通技术、了解客户、能够听从别人的建议、非常富有创造力和亲和力，等等。除了这些正面特点之外，他还有以下缺点：首先，他不熟悉财务数据，经常无法达到预期目标；其次，他还没有具备一个成熟的商人头脑；最后，他需要更多的指导。考虑以上因素，我们对他的最终结论如下：韦尔具有非常大的潜力，但他仍需要更多的改进。

在这个过程中，有一个人提出了反对意见，"我认为韦尔的财务能力实际上比你们所说的要好一些。他必须在克服技术问题的同时解决产品和质量问题，在当前的这种形势下，能够达到他目前的业绩水平已经非常不容易了。"我们就此事争论了几分钟。我说："他没有完成任务，虽然其中可能有其他原因，但事实是无法改变的。我们可以跟他谈谈，看看是否能够再进行一些改进。"三个人都同意韦尔所面临的形势并不能成为他没有完成任务的借口，毕竟，每个人都会在完成任务的过程中遇到一些无法预料的问题，只有那些能够排除万难的人才能取得最终的胜利。

那个提出反对意见的人并没有改变自己的想法，但这并不影响最终的结果。在很多情况下，你不能要求每个人都同意你的观点，但只要能够听取更多方面的意见，你就能做出更为明智的决策。

在人才评估会议之后，我给每一位与会成员写了一封信，就大家达成一致的意见做出总结。这些信成为了我们以后进行人才规划和建立领导者输送渠道的基础。下面是一些例子（我对其中的姓名和职位进行了改动）。在进行总结的过程中，我努力做到更加具体，并随后对其实施情况进行了跟进。

- "你有1000名工程师，其中有7个人具有很高的潜力。这还不够！你必须为他们制订更为详细的培养计划，或者招聘更多的新人来充实你的工程师队伍。"

- "如果约翰能够按照你所想的继续改进的话，我们将在新产品上市之后考虑将其提拔到更高的领导工作岗位上。但他的同事们都认为他做事过于谨慎了，这样无法领导别人，所以我建议应该进一步增强他的自信。无论如何，我们要继续帮助这个人，并希望他取得成功。"

- "布拉德总是在越级处理一些问题。他必须调整自己部门的组织结构。我们必须减少他的权限，帮助他不断提高自己，同时保持他的斗志。"

- "你必须培养一些能够接替自己工作的人。我们处在一个复杂而令人兴奋的行业里，这个行业的市场目前已扩展到世界范围，所以我们需要最优秀的人才。但随着业务的不断发展，该部门的某些人才会不断流失，所以你必须建立一个强有力的人才输送渠道，培养更多的新人，给他们更多的机会，尽力提高你的团队的工作效率，具体来说，你应该建立一个适时的团队构建流程。"

- "皮特对外界变化反应非常灵敏，但他还不够主动。明确告诉他，他应该在工作中表现出更多的激情。"

- "朱丽快要崩溃了——她工作得非常辛苦。你必须尽早确定她的继任者，并给予她更多机会以施展其多方面的才能。"

- "格里格似乎是一个更加注重过程而不是结果的人。他比其他人懂得更多，但不执行，我们没有看到他表现出任何的实际执行能力。他选拔人才的标准还不够高，而且对下属的要求也不够严格。他还需要继续培养自己的领导能力，在这一方面，我们一定要向他提供更多帮助。"

- "马克取得的成就给人留下了深刻的印象，但他必须克服他那种过于以自我为中心的缺点，坦诚地和他谈一下，告诉他有哪些地方需要改进。"

- "托德具有很强的领导能力。我知道你正担心他可能跳槽，告诉他，我们正准备提拔他负责成本控制工作。"

基石三：对表现不佳的人做出处理决定

即使最优秀的人员选育流程也未必能做到知人善任，而且也不能使每个人的表现都达到预期水平。有些人并不能胜任他当前的工作，需要被调整到稍微低一级的职位上，而有些经理甚至必须离开自己当前任职的公司。而评价一个人员选育流程的标准就在于它是否能够清楚地将这两类人区别开来，以及它是否能够帮助领导者们做出可能会给人们带来一些痛苦的决定。

拉里：在选择完毕之后，你还有一些更为重要的事情要办。你们已经对某人进行了仔细的讨论、征求了各方面的意见，并最终达成了一个大家都认可的结论。但实际情况是，无论这个人到目前为止取得了多大的成功，每次提拔还都是一个新的决策，你不能想当然地认为他一定能够在新的职位上继续自己以往的辉煌。

表现不佳的人通常无法完成自己的预定目标。他们不能始终如一地兑现自己的承诺，或者是他们的领导能力没有达到预期的水平，或者是由于其他原因。比如说有位领导者遇到了劳工问题，员工们希望组成工会。虽然这不一定是领导者的职责范围所在，但为了保持公司的正常运营，通常领导者还是应该采取措施避免这种情况的发生。如果他不能挺身而出，说服人们不要组织工会的话，我们就认为他的表现是不合格的。

当然，这并不意味着他们不可救药，而只能说他们的表现没有达到预期的水平罢了。遇到这种情况时，你就应该快速而公平地做出对这个人的决定。比如说，鲍勃是一个非常优秀的制造部门工作人员，我们刚刚任命他为一家工厂的经理，但一年的工作实践表明，他根本不能胜任这个职位：他既没有对成本结构进行相应的调整，也没有选派足够的人手来完成运营部门的工作。我们必须采取措施来解决这个问题。

我们并不想解雇鲍勃——他技术优良，而且人缘极佳，所以我们把他调换到一个完全不同的工作岗位上，希望他能够取得新的成功，然后再对其进行下一步安排。

还有一个叫希德的人，他在我们海外一家分公司的表现非常出色，而且他知道我们迟早需要一位总经理来管理这家分公司的事务，但那个人并不是他。他是一位伟大的推销员，但却不大适合做领导者的工作。所以我们非常坦白地告诉他，他的长项在于客户关系管理，而不是战略或运营方面。他知道自己永远不会被任命为总经理，但还是一直待在自己的工作岗位上，兢兢业业地完成自己的工作。

有时在别无选择的情况下，你必须解雇某些人，但我建议你，一定要尽量使这个过程富有建设性。比如说，我在聘请多格的问题上犯了个错误，因为他从来不肯尽全力工作。这时我可以坦白地告诉他："多格，你被解雇了。你的表现并不能让我们满意，所以我们必须请你离开。"但如果我这样做的话，他就会对我怀恨在心，而且对于整个公司的看法也会很糟糕——毕竟，他已经在霍尼韦尔工作了一段时间，和我们的一些员工及客户或潜在客户都建立了一定的关系。如果他四处宣扬霍尼韦尔残酷的话，这对整个公司都没有好处。

或者我可以给他打个电话，告诉他："你好，多格。我们都犯了一个错误。我当初可能并没有向你详细解释这份工作的要求，而你的表现也不能令人满意。我认为我们双方都应该做出一些牺牲来弥补由于我们的过错而造成的损失。第一，我会给你一年的薪水，因为这件事我也有责任。第二，如果某人要我推荐你，我也不会对他撒谎，我会告诉他们你在某些方面并没有达到我们的要求，但我肯定不会造谣中伤你。第三，我们会尽量以一种体面的方式让你离开公司。"

他可能说："拉里，我想辞职。我会说是自己希望改变一下工作。"我告诉他："我们都知道你并没有辞职，但如果你愿意这样的话，我们也不反对。"让人们以一种体面的方式离开自己的工作岗位是强化公司执行文化的一个重要手段。

有时候，有些人可能早在你提醒他们之前就意识到自己的表现不能令人满意。在返回霍尼韦尔之后，我并没有把时间浪费在加快公司运营步伐上面。"9·11"事件的余波使得速度问题变得尤为迫切。我们当时有一位经理已经 50 多岁，他是一个非常和善的人，工作也一直非常出色，但他为人缺乏激情。他说："我不喜欢公司目前的这种运营速度，所以我希望能够在年底之前退休。"知道这件事之后，我对他的坦白表示了赞赏。我告诉他："明年将是非常严峻的一年，一切都难以预料。我们必须采取措施加快公司的发展速度，所以你的决定是正确的，我们也将很公平地对待你。"

基石四：将人力资源管理与企业绩效结合起来

如果你认为，"在一个执行型的企业文化当中，人力资源管理的作用会大大降低"，那你就错了。它的作用比以前更大，但它的角色却发生了重大改变。人力资源管理必须被整合到企业的运营实施流程当中去，它必须与战略、运营以及评估活动等结合起来。在这种情况下，企业的人力资源管理部门的工作必须更加以聘任为导向，并成为推动企业前进的一股重要力量。

正像唐·雷德林格——霍尼韦尔国际人力资源部门高级副总裁说的那样，"为博西迪这样的老板工作的难处就在于他什么都知道——他既是公司的 CFO，又是人力资源部门首席执行官，同时还是一位主要的战略家，但同时他还能够保持对整个组织的运营情况有着系统的理解，这就使得企业的人力资源部门必须不断保持活力。他要求整个组织竭尽全力来最大限度地获取利润。无论是对人力资源部门还是对企业的营销部门，他都只有一个要求："我希望获得更高的边际利润，为此，我要求组织部门必须聘请到最优秀的人才，并以更快更有效的方式对其进行培训。我们应该举办更多的培训项目，而培训的主要目标就是帮助人们解决自己在工作中遇到的问题。人力资源部门的主要工作就是帮助我解决这些问题。"

"到达联信公司之后，拉里所做的第一件事情就是培养人才。人力资源部门是我们升级的第一个要素。结果表明，这个战略给我们的所有领域都带来了巨大优势。"

"在我职业生涯早期的时候，形势与今天的大不相同。经理们只是指派人力资源部门的工作人员去执行某项具体的工作。比如，如果公司准备关闭一家工厂，这时人力资源部门主管的主要任务就是与工会进行谈判，而今天的人力资源部门的工作已经发生了很大的变化。他们必须对整个公司的发展状况有着更为全面的了解，知道如何帮助公司实现预定的商业目标或战略计划——从工作内容的角度来讲，他们今天的角色有点像以前的CFO。人力资源部门不仅要懂得如何培养人才，如何使他们安心于目前的工作岗位，如何鼓舞公司的士气等战术层面的问题，还要学会更多地从企业领导者的角度考虑问题。比如，他们要懂得如何使公司盈利，如何从批判的角度进行思考，如何实现预定目标，以及如何把战略和执行结合起来。"

虽然目前大多数公司的人力资源部门还没有发展到以结果为导向的水平，但这正在成为一种日趋明显的潮流。比如说，在Baxter 国际公司，人力资源部门已经在评估、培养和提拔人员的工作中发挥了非常大的作用，并对公司的战略计划制订过程产生着重要的影响。

Baxter 是一家全球性的保健公司，主要为那些在危险条件下工作的人们提供保健产品和服务。该公司的目标是在今后十年时间内，通过扩大公司在生物、制药、医疗设备、信息和服务方面的营业额使公司的收入增加一倍，由现在的 70 亿美元增加到 140亿美元。人才选拔在实施这项战略的过程中起到了非常关键的作用。CEO 哈里·杰森·克雷莫利用 20 世纪 90 年代后半期（当时他还在担任公司的 CFO）的时间来对公司进行结构重组——把那些增长缓慢的部门出售，同时把各项资金筹措到位。当他于 1999年被任命为公司 CEO 的时候，他把人员选育流程作为自己的三大工作重点之一（另外两个分别是：客户和病人，以及为投资者提供丰厚的回报）。克雷莫和他的执行管理团队（executive management team, EMT）在人员选拔和培养方面投入了大量精力，整个公司的战略、运营和人员选育流程被紧密地联结到了一起。

Baxter 的增长规划人员、执行人员和人力资源部门人员紧密协作，列出了公司在今后几年时间内实现预定目标所必需的主要技能。比如说，公司人力资源部门高级副总裁塔克告诉我们："通过 2001 年的战略增长规划工作，我们列出了把战略性临床营销、管理事务中的专门知识和赔偿问题作为公司需要强化的三大要素。

随后我们建立了一些团队来详细总结出公司所需要的主要技能、我们目前所拥有的资源，以及我们今后需要采取的主要工作步骤。"

担任团队指挥的是一些主管人员：Baxter 的质量部门主管负责赔偿工作，一名营销副总裁负责指挥营销工作，而管理问题工作小组则由管理事务部门主管领导。在这个过程中，主管们也在领导跨部门、跨地区工作小组方面获得了宝贵的经验。

确定今后需要采取的主要工作步骤是 Baxter 的战略制定流程当中的一个重要环节。在每年一度的工作评估（为期半天）当中，公司执行人员、人力资源部门副总裁、克雷莫和塔克列出了各业务部门和地区的一些主要工作岗位需求，并采取相应措施确保公司选派适当的人员来填充这些工作岗位。但这次评估只是整个流程的一部分，在很多重要的问题上，克雷莫和塔克也经常以一种非正式的方式与公司各部门领导以及人力资源部门领导交换意见。

值得提醒读者注意的是，我们这里所说的重要工作岗位不一定是指那些高级别的岗位。"它们的级别也许很低，"塔克说，"比如说那些负责产品测试的人，他们的级别并不高，但他们的工作却对我们在今后三年的战略执行有着直接的影响。在这种情况下，我们就会考虑这样一些问题，'根据公司目前的肾脏业务发展战略，我们应该对哪些工作岗位给予特别的重视'？然后我们就会对目前处于这些工作岗位上的员工进行素质测评。其原因就在于，如果某个岗位对我们今后三年的战略执行特别重要的话，我们就必须确保找到最优秀的人来完成这些工作。适当的人选必须马上得到确定，因为这些工作非常重要，我们根本没有时间可供浪费。"

"这就迫使主管不得不确认出那些至关重要的岗位。第一年，我们要求经理们汇报哪些是最重要的工作岗位，几乎所有人给出的答案都是那些直接向自己汇报工作的人。看到结果后，我告诉他们，'哦，不错，你们部门的销售副总裁非常重要，但如果从明年的新战略的角度来考虑，他可能并不是最重要的'。"

"在评判一个人是否胜任自己岗位的时候，我们通常将评判对象分为三类：非常合适、有些牵强以及不合适。如果一个人非常适合他目前的工作岗位的话，我们对他的工作进度进行监督就可以了。如果一个人的工作还算勉强令人满意，这就意味着我们需要对其施加一定的压力，并给予一定的帮助：比如说他可能只是不大善于管理财务罢了，这时我们就需要给他派一名财务总监，并为他提供必要的组织支持。而如果一个人显然不能胜任自己的岗位的话，我们就会设法让其离开公司，或者让其他人接替他目前的工作。而且根据我们的规定，所有的评判工作都必须在六个月内结束。"

"高层领导点名板"，即为公司大约 325 名副总裁位置选拔适当的候选人，充分显示了 Baxter 的新人员选育流程的潜力。"它帮助我们扭转了整个公司的文化。"塔克说。每个星期四，塔克都会给公司的 150 名高层领导发去一封语音邮件，告诉他们哪些岗位出现空缺，哪些副总裁位置现在无人应聘，以及哪些岗位刚刚选拔了一位候选人。他会详细列出那些空缺岗位的工作要求，以便其他领导能够推荐一些适当的人选担任此职。（当然，如果愿意的话，他们也可以毛遂自荐。）

公司人力资源部门的高级执行官们会在每周一的电话会议上对被推荐的候选人进行讨论，然后拟出一份初始名单。"刚开始的时候，我们可能有15个候选人，"塔克说，"然后我们会对这些候选人进行详细的筛选，一步步减少名单上的数字，直到选拔出最适合的人。在举行这些会议的时候，我们必须站在整个公司的角度做出判断。比如，有人会说，'不错，我们也认为史蒂夫是个非常合适的人选，但他的经理不希望我们把他调走，因为他当前的工作岗位非常需要他'。这时我们就会说，'不错，但为公司的整体利益着想，我们还是要把他调过来'。"

就这样，人员的筛选可能要持续两三天，相关人员必须在进行推荐之前收集足够的信息和评估反馈，然后塔克将在下一次的EMT会议上公布最后的名单。

"这个流程大大加快了名单的筛选速度，"塔克说，"在1999年开始实施该流程之前，我们寻找一个副总裁职位候选人的平均时间为16周。现在，我们把这一时限缩短到了七天，而且候选人的质量和数量也得到了大大提高。平均算来，我们每个职位都有五个候选人。"

"它在其他方面也给我们带来了很大帮助。执行管理团队对公司的150～300名最高层管理人员有了更多的了解，因为他们曾经亲自对这些人进行过考评，而且它也使公司领导层之间的沟通更加顺畅频繁。我所发送的那些语音邮件被散发到整个公司。在我进行商务旅行或者是走进一家工厂或办公室，并进行自我介绍的时候，有人会说，'哦，我知道了，你就是那个发送语音邮件的

人'。从这个角度上来说，它帮助我建立了一种更加开放的交流
风格。"

坦诚的对话至关重要

到目前为止，人们还没有制定一套建立和维持强有力的人员
选育流程所必须遵守的系统，但一些规则却是毫无疑问的：诚实、
共同语言和频率。毕竟，坦诚的对话是非常关键的。杜克能源公
司主管人力资源的副总裁克里斯·罗尔夫曾经把这种对话比喻成
人员选育流程中的"实弹"，它基本上可以看成是人员选育流程的
沟通氛围。

杜克是一家市值高达 490 亿美元（截至 2000 年年底）的多种
能源制造商、运输商和经营商。由于 20 世纪 90 年代末美国政府
实行了放松管制政策，杜克公司传统的商业模式开始过时，从而
不得不制定新的战略发展方向。在新的发展战略当中，杜克公司
决定将公司业务由原来的能源制造和销售扩展到更大的范围之内，
具体来说，新的业务范围将包括实物资产（如能源工厂和输送管
道）的加工、天然气和电力的买卖，以及风险管理等金融业务。

为了实现该战略目标，公司需要改变原来的人才结构。罗尔
夫说："1998 年的时候，我们的总裁里克·普里奥要求我们在全公
司范围内进行一次评估，结果表明，我们并没有执行新战略所需
要的人才储备。毕竟，我们已经无法维持以前的垄断地位了，而
且新战略对公司的人才结构提出了新的要求。根据新的战略，我

们不仅需要运营方面的人才，还要招揽大批金融、商贸、风险管理和市场营销方面的精英。"

1999 年，杜克开始构建一个新的人员选育流程。"在构建新流程的过程中，我们遇到的第一个问题就是，新流程应该是什么样子的？"罗尔夫说道，"我们花了很长时间来定义新流程的功能。首先我们与一组主管讨论应该如何建立一个评估框架，接着我们对公司的 500 名高级主管进行了效能测试，并最终得出了这些功能之间的关联性，基本上和一家曾为我们提供过咨询服务的公司所预测的一样高——也就是说，这些功能将直接影响到新的商业模式的成效。所以我们把该人员培养及评估模式称为'杜克的成功执行官'。"

杜克公司的团队最终列出了四种基本的技能：职能性技能、商业技能、管理技能和领导技能。比如说，罗尔夫（在进入人力资源管理部门之前，他是一名工程师）认为："假设杜克正考虑聘请我担任公司的人力资源部门执行官，我必须拥有人力资源管理的背景——知道什么是 ERISA，了解人员调配、培训、薪酬等方面的东西。这些都是职能性的技能。我还要掌握一定的商业技能，了解杜克的商业模式以及它的盈利方式。另外，我必须拥有一定的管理技能。在杜克，管理技能是一项非常重要的标准，因为商业模式的运营在很大程度上就意味着计划、组织、领导和控制。最后，我必须掌握一定的领导技能，因为杜克会问，'克里斯是否具备足够的领导技能来领导公司人力资源管理部门的工作'？"

"然后我们用了大约一年的时间根据这四条标准对公司员工进行评估。最终我们成功地在整个公司范围内把评价人们的方式统一了起来。比如说，我们现在就不会只是说'他是好样的'或'她的确很聪明'——我们会说，'我觉得这个人并不具有任何的运营能力'，或者'那个人虽然非常善于运营，但他在战略方面还有很大欠缺'。"

由于杜克在很大程度上属于分散型组织，罗尔夫只将人力资源流程中的三个环节集中起来——对大约 200 名高层领导的奖励，内部收益以及一个全球范围内的以网络为基础的人力资源数据系统。"我们的目标是建立一种严密性，但由于我们采用了不同的管理模式，所以公司只能采用一种不够系统、也不十分标准的方式来完成这项工作。对于建立严密性来说，数据系统是至关重要的，因此我们在上面投入了大量时间和资金。很少有公司能在整个企业内建立一个统一的系统，尤其是那些经过一系列兼并和收购演变而成的企业。但当我与一些像通用电气这样的公司的领导者交谈时，他们却告诉我，'无论如何，你最好解决好这个问题，因为对于一名领导者来说，最基本的一个问题就是，谁在这里工作？如果没有一个统一的全球系统的话，你根本不可能回答这个问题'。"

统一系统所带来的一个好处体现在继承规划方面。"我们正在建立一个执行 CV 的全球数据库，它应该直接连接到我们的薪水册、资产表和安全系统，只有这样，我们才能为所有的高级主管提供棒球卡——一张规格为 11 厘米 ×8.5 厘米，带有照片、个人信息和评估信息的卡片。在具备了这些条件之后，我们就可以随时调出一个人的详细资料，其中包括他的姓名、学位、职业兴趣、发展计划、社会关系、别人对他的评估等。"

"经理们也进行了我们所谓的挽留评估，用一张三乘三的表格来对某个个体员工的工作情况进行评估，评估的主要内容包括：他所在岗位的重要性，他在今后五年内工作变动的可能性。所以，如果你是一位非常消极的人力资源执行官，你工作变动的可能性就很小。但如果你出身名校，拿了一个 MBA 学位，具有独自管理企业的能力，而且有很多公司都已经明确表示对你感兴趣，这时你工作变动的可能性就比较大。"

"所以，无论在全球任何一个地方，我们都采用一个统一的系统进行管理，大家使用统一的数据库，从而大大降低了不同部门不同地区之间人们交流的障碍，正是从这个意义上，我把这一举措称为'建造巴别塔'⊖，大家可以在一个平台上实现沟通。"

该系统的硬件是人员选育流程的基础部分。关键的沟通氛围——"实弹"——存在于组织内部的对话和按照同一标准进行观测（最终相关人员将根据观测的结果进行人员评估）的流程当中。

"虽然人力资源部门完全有能力构建所有这些复杂的系统，但只有公司的领导才能使其真正发挥作用。里克·普里奥向整个组织讲述了诚实的残酷性，规范了整个公司的价值观念。比如说，

⊖ 《圣经》典故。起初人类只有一种语言，大家合力建造高入云霄的巴别塔。上帝感到恐慌，于是搅乱人们的语言，使他们无法彼此沟通，人们也就停止了造塔的工程。——编者注

我的老板对我进行了一番评价，他认为'克里斯在每项技能上都是差强人意'。主席会说，'我了解克里斯，你的评价并不符合实际情况。事实上，他在其中的两项技能上不合格，在这八项上的表现非常一般，而在这四项上的表现却可以打满分'。"

"我们公司的员工评估标准是我所见过的最为严格的。与同行相比，我们的确有很多可以称道的地方——我们的资产回报率和收益增长率等指标要远远超过大多数同行业的公司。但从奖金发放水平的角度来说，我们却低于一般水平。怎么会这样呢？其原因就在于我们建立了一个讲求责任的企业文化。里克给我们定下了很高的指标水平，所以我们知道，如果不能选拔到合适的人选，我们永远也无法实现这一目标。所以大家一直在谈论市场上的'实弹'。但事实情况是，每个人的压力都如此之大，以至于谈论这件事本身就成了一种奢侈的行为。"

杜克能源公司的主要互动沟通机制就是普里奥的政策委员会，其成员主要包括普里奥本人、三个主要业务部门的总裁，以及四个主要职能部门——法律、财务、行政和风险管理部门的主管。该委员会每两周举行一次为期一天的会议，每年就人才培养问题举行三四次专门的会议，但大多数工作都是在两周一次的会议上完成的。

"所有的问题都能够得到非常及时的解决，"罗尔夫说，"我们每天都会对这些计划进行更新。而且，由于采用了统一系统，我们对计划所进行的更新随时都可以传达到整个公司。"

"里克的学院式管理风格还包括让委员会成员互相监督。无论权位高低，每个人的观点都非常重要。大家可以相互争论，直到问题得到彻底解决为止。而且，通常情况下，无论我们所讨论的问题是关于哪一领域的——一次并购、一次拆分，还是一次商务决策——总是会有一两个人能够做出非常符合实际的判断。"

这就是使杜克能源公司的系统得以运转的沟通氛围。罗尔夫列举了四项要素："第一，一个为实现较高业绩水平而不断努力的企业文化，这样你就会不断敦促组织中的每个人做出最佳业绩；第二，一位不仅愿意，而且随时准备对一项评估提出质疑的领导者；第三，企业最高执行官的学院式文化，大家互相监督，实事求是，每个人都可以反对别人的意见，即使主席的意见也可以遭到质疑；第四，组织能够赋予人力资源主管（也就是我）足够的权限——由于工作的关系，人力资源主管看问题的角度总是与其他人不同。虽然我在公司的地位不低，却也绝没有达到能和这些人平起平坐的地步。但在我发言的时候，每个人都会表现出足够的重视，这倒并不是因为我的级别高，而是因为我看待问题的角度与他们不同。"

* * *

要想做到把适当的人安排到适当的工作岗位上并不是一件容易的事，它要求企业必须不断收集有关个人的信息，要求领导者必须了解公司的员工，知道他们是如何协作的，是否具有足够的能力来完成预定的任务，等等。只有持之以恒，人们才能培养足够的能力来评估和选择适当的人员。人员选育流程开始于一对一的评估，但一旦发展成为一项完整的流程，它就可以成为一件非常有效的执行工具。在下面的讨论中，我们将把重点转移到战略制定流程方面。当然，战略制定流程与人员选育流程之间的关系非常密切，毕竟，所有的战略都是来自于人们的大脑。如果一家公司能够找到适当的人员，它所制定的战略就会更加符合市场、经济和竞争的现实情况。

第7章

战略制定流程：将人员与运营结合起来

无论一项战略的具体内容如何，它的基本目标都非常简单：为企业赢得更多的客户，并建立一种可持续的竞争优势，同时为股东获得足够丰厚的回报。战略定义了一个企业的发展方向，并为此做好了充分的准备。那么，为什么许多战略最终都会以失败告终呢？

很少有人能真正理解到，战略再好，如果得不到有力执行的话，也无法达到预期的目标。好的战略并不是简单的数字组合，也不是毫无实践意义的夸夸其谈。它的核心和细节必须来自规划人员的大脑，所以这些规划人员必须对实际的操作过程、市场现实、现有资源和企业的强势弱势等问题有着非常深刻的了解。

一份符合实际的战略计划实际上就应该是一份行动计划，企业的领导者将完全可以依赖它来实现自己的目标。在制订这份计划的过程中，你（作为一名领导者）必须对企业的战略要求和具体实施能力有着清晰的认识。在制订计划之前，领导者必须首先确定和定义企业战略背后的一些关键问题。在当前的商业环境之下，你的企业处于一种怎样的状况，它面临着哪些机遇和挑战，在与对手进行竞争的时候，它具有哪些优势和弱势？一旦制订了一项计划，你就必须考虑以下几个问题：该计划中假定的前提是否成立？是否还有其他方案可供选择？你的组织是否拥有足够的能力来将该计划付诸实施？为了使该计划能在长期内发挥作用，你需要采取哪些短期和中期行动？你是否能在情况出现变化时对该计划进行适当的修订？

为了使计划更符合实际，你必须将其与公司的人员选育流程结合起来：公司是否有适当的人选来执行这项计划？如果没有的话，你将采取怎样的措施来聘请到自己所需要的人才？你必须将自己的战略细则与企业的运营计划结合起来，这也是协调整个组织以完成预定任务的前提条件。

战略实施方式的重要性

如果一项战略没有涉及有关实施方式的讨论，它很可能会失败。美国电话电报公司就是一个很好的例子。在 1997 年米歇尔·阿姆斯特朗被任命为 CEO 的时候，公司的主要利润来源是长途语音和数据业务（以及规模虽小，但正处于不断增长的无线传输业务）。美国电话电报公司的财务收支状况良好，负债率很低，而且股票价格也只有大约 44 美元左右，但外部环境在不断发生变化。随着新的竞争对手进入市场，长途业务收费水平开始下降。华尔街给予那些网络公司和光纤公司很高的评价，认为它们代表了未来的发展潮流。

针对这种情况，阿姆斯特朗开始制定新的战略，决定进入新的成长型市场。在他看来，美国电话电报公司的机遇就在于为客户提供一站式的信息传输服务：通过电话和互联网为客户提供长途和本地语音及数据服务，以及对带宽有着很高要求的多媒体服务。但如果想要提供这些服务的话，美国电话电报公司必须能够与客户建立直接的联系；但问题是，根据当时的情况，只有一些地区性的电话公司才能与客户进行这种联系，而这些地区性的公司早在1984年就从美国电话电报公司分解出去了。针对这种情况，公司对几种可选的方案进行了权衡，从在一些关键的大都市地区建立自己的基础设施到收购一些光纤公司。

在制定新战略的时候，阿姆斯特朗考虑到了以下四个要素：①收购光纤公司，直接与客户建立联系；②为客户提供捆绑式服务，从而使美国电话电报公司的服务在消费者的支出中占据更大的比重；③必须能够尽快获得收入，以抵消由于长途业务下滑而带来的收入减少效应；④充分利用美国政府于1996年制定的电信条例。根据该条例，除非完全向长途运营商提供开放的网络，否则地区性的电信公司将不得参与长途业务的竞争。

这是一项具有很大吸引力的战略。股票分析师们都认为这是一项很有前途的战略，最初的市场反应也非常积极。但事与愿违，这项战略遭到了彻底的失败。2001年12月，公司出售了自己在光纤领域的业务，最终这个耗费公司 1000 亿美元的业务领域只能以 690 亿美元的价格出售给了 Comcast 公司（其中包括 250 亿美元的债务形式支付）。这项战略的失败实际上使得公司回到了当初的状态，其股票价格也一路下滑，从当初的 44 美元下降到大约 18 美元。

问题到底出在哪里？答案是：公司的所有战略前提都是建立在错误的假设之上的。美国电话电报公司的宽带服务能力主要来自于其早期收购的两家公司，TCI 和 Media One，以及公司现有的一些业务部门。为了收购这两家公司，美国电话电报公司付出了很高的成本。与此同时，长途业务价格下降的速度也远远超出了人们的预期，从而致使公司股票价格进一步下跌，并直接抬高了收购成本，大大加重了公司的债务负担。消费者对捆绑式服务的热情并没有美国电话电报公司预期的那么高，而且在推广新服务的时候，公司的营销活动也很不到位。整个计划的执行周期也大大超出了人们的预期。最后，政府执法部门对 1996 年电信条例的执行力度也不够高，许多地区性的电信公司毫无顾忌地进入长途服务市场，这就使得长途运营商在与地区性电信公司的竞争中毫无优势可言。

在一些关键岗位人员的选择上，美国电话电报公司也犯了错误。人力资源管理部门的疏忽使得一些根本无法胜任自己工作的主管人员在现有岗位上把持了三年之久。当一些大股东，比如说 CalPERS（加利福尼亚公共雇员退休系统）和 TIAA-CREF（教师退休系统）对公司的宽带业务表示不满的时候，美国电话电报公司的股票价格再一次遭受了沉重打击。

可见，美国电话电报公司的战略从根本上脱离了公司当时的内部和外部现实环境。它既没有对自己假设的那些条件进行验证，也没有预先制订有效的备选方案，而且公司也根本没有考虑到自己是否有能力在日趋激烈的市场上与对手展开竞争。它的企业文化在很大程度上还保留了以前处于垄断时期的特色，根本无法快速而有效地将预定的计划付诸实践。

完整战略规划的结构

任何战略都是由几块基石构成的，实际上，也就是这几块基石定义了该战略所包含的主要概念和行动。因此，确认基石也就成了战略制定过程中的一个重要环节，因为它能够帮助领导者对自己的战略进行更加清晰的认识，能够帮助他们判断一项战略的优劣以及原因，同时它还能为开发出必要的备选战略提供基础。

如果你能够把战略中的基石清晰地定义出来，那么即使最复杂的战略也可以用一页纸的篇幅完整地表达出来。比如说，1991 年的时候，某工业公司（该公司主要负责向大型汽车制造商提供零部件）一个价值 5 亿美元的业务部门基本上只处于收支平衡状态。由于竞争的压力，该部门的产品价格不断下降。针对这种情况，该部门制定了一份新的战略，其中包含了三块基石：第一，是通过定位于更好地服务于全球客户和地区市场而在海外设厂的方式来降低生产成本；第二，不断改进产品设计，在技术上取得优势，从而增加产品的价值，进而向客户提出更高的价格要求；第三，精简管理团队，进行组织结构调整。在保持营销活动本地化特点的同时，把产品开发、技术、制造加工和财务管理纳入公司的全球体系。

该部门同时执行了这三块基石，并取得了很高的边际利润率和投资回报率。今天，它已经成为世界前十大汽车制造商的首选供应商。

在整个流程过程中，该部门的领导人员注意根据现实情况来调整自己的战略部署。比如，根据最初的计划，公司应该将技术项目从美国转移到一个研发成本比较低的国家，但当美国的工程师们对这个建议表示反对的时候，公司立刻对其进行了调整。在整个计划的实施过程中，公司领导者们每年都要对计划内容进行三次总结，并随着形势的变化不断地进行修改。

* * *

本章的重点虽然是企业部门战略，但读者首先应该了解企业业务部门层次的战略和公司层次的战略之间的区别。

公司层次的战略就像是一个系统化的载体，它主宰着公司各部门之间的资源分配，但它并不是各部门战略的简单加总。因为如果是这样的话，公司的各部门将完全可以独立运营。（实际上，由于摆脱了整个公司的负担，它们或许能因此而运营得更好。）在制定各部门战略的时候，公司领导应当充分考虑到各部门之间的互补关系。比如，在通用电气，杰克·韦尔奇引入的无边界理念确保了不同业务部门经理之间能够经常交换彼此的看法，这就会大大提高各部门之间的协作性，使整个公司的智力资本得到更加有效的发挥。

公司战略通常还会定义出该公司的经营范围，也就是它希望涉足的领域。比如说，霍尼韦尔将自己定义为一家工业公司；在这种情况下，它通常不会进入消费品领域。

公司层次的战略还会考虑到公司目前的业务结构，并根据当前的市场情况判断是否应当对此结构进行改变以获得更高的投资回报。比如，20世纪80年代的时候，里根总统的下台意味着美国政府将大大削减国防预算，航空工业也将面临大规模的重组，也正是在这一段时间里，通用电气的表现给整个航空工业带来了希望。杰克·韦尔奇认为，如果能够将公司当时的财务和管理资源应用到其他领域的话，它们必将能够带来更高的回报。六西格玛、数字化和优秀的人员选育流程的实施等工作使整个公司的经营业绩得到了显著提高。杰克·韦尔奇当时提出了一项建议，要求人力资源部门制订出一套系统的方案来进行人才评估，从而为培养未来的领导者打下基础，今天通用电气引以为荣的人员选育流程就是由此而开始的。最近，通用电气又发起了寻找"未经打磨的钻石的活动"，大力挖掘和培养那些以往没有被发现的人才。他们可能由于一些无法控制的因素，比如愚蠢的上司，而正在自己的岗位上苦苦挣扎。这项活动将帮助他们找到一个更适合的工作环境，取得更大的发展，并为以后承担更重要的工作岗位做好准备。

制订战略计划

当一个业务部门开始制定一项战略的时候，它会清楚地列举出该部门的发展方向：它现在处于一种什么状态，未来的发展目标是什么，如何实现这个目标。在对战略结果所需要的成本进行分析的时候，人们首先应当分析战略实施过程中可能出现的风险，并同时考虑到可能出现的各种其他因素。战略陈述应当详细清晰地列出部门当前的市场地位，并对竞争者的优势和劣势进行分析。

一份业务部门的战略计划绝对不应当超过 50 页的篇幅，而且应该非常容易理解。它的核心应该能够被精简到一页纸之内，就像我们前面所谈到的 AT&T 和汽车部件制造商的战略计划一样。如果不能够在 20 分钟内用一种简单而平实的语言描述自己的战略的话，你实际上就等于没有制订出任何战略计划。"但是，"有些人可能会说，"我的战略方案非常复杂，不可能用一页纸说得清楚。"这绝对是废话。世界上根本不存在所谓的复杂的战略，存在的只是对一项战略的复杂的认识。战略本身并不复杂。所有的战略最终都可以被总结为几块简单的基石。

拉里：一份优秀的战略计划就是你所希望采取的一系列行动。它就像是一幅描述清晰的地图，应当能够给你留下足够的空间来进行调整和运营。而且，只有当你真正决定采取哪些具体行动，以及如何将其与公司的人员和运营现实结合起来的时候，你才能制订出具体的执行方案。

谁来制订计划

一份真正有效的计划应当是由执行者制订的。企业职能人员帮助收集数据和进行分析，但领导人员必须亲自负责制订战略计划的核心部分，因为只有他们了解企业当前面对的商业环境以及组织的实施能力。他们在公司中扮演的角色使得他们更加容易引入一些新的思想；知道哪些提议符合市场实际，而哪些提议又是不切实际的；了解实施一项战略需要企业具备哪些条件；能够在不同的方案之间进行衡量；并解决规划过程中应当考虑而又常常被忽视的问题。当然，并非所有人都可以通过学习成为一名优秀的战略思想家。但如果能够经常参与团队作业，能够得到一位对整个行业和企业自身所面临的环境有着全面了解的领导人员的指导，并且能够有效利用开放式对话（执行文化的核心）的话，每个人就都能够在战略制定过程中贡献自己的力量，而且每个人都能够由于成为这种谈话的一分子而有所收益。

一个好的战略制定流程是培养执行文化的最好方式之一。它能够使参与者更加敏锐地感受变化，而这是一页一页的文件所无法做到的。因为通过参与战略制定流程，人们得到的不仅仅是对自己企业和市场环境的深刻了解，他们还学会了如何分析和判断。如何将计划综合到一起？如何协调整个组织的运营？在回答这些问题的过程中，他们的判断能力和感觉能力得到了进一步的提高。他们可以从错误中学习到很多经验："在做出假设的时候，我们为什么没有预见到可能的变化？"对这些问题的讨论一方面可以激发人们的斗志，一方面又能够很好地培养整个团队的凝聚力。反过来说，讨论过程中产生的能量又可以对整个流程起到一种强化作用。

拉里：企业的领导者必须具有自行制定战略的能力，毕竟，他不能把所有的工作都交给战略规划人员，然后把这些成果据为己有。他必须在构建战略的过程中肩负起必要的责任，并随后在大家就该战略达成一致意见之后，负责制订出具体的行动计划方案。

在霍尼韦尔，每次开始构思一项新的战略计划之前，我都会召集各部门的总裁、公司的战略规划人员，有时还包括一名职能人员，我们将就该计划所面对的一些关键问题达成一致。在计划完成之后——我在公司层面上进行公布之前——每位领导都会与自己的下属一同对该计划进行一番评估，提出自己的意见和建议。毕竟，真正的实施者是他们。

制订战略计划中的注意事项

拉里： 在霍尼韦尔，人们制订战略计划总是会给予经济环境、竞争形势以及为什么有些公司会比另外一些公司更为成功等问题特别的关注。在制订计划之前，战略规划人员会首先收集大量有关经济环境的资料，比如说，我们要进入的市场是一个增长型市场还是萎缩型市场？如果某项业务所处的市场每年的增长率只有2%，则除非能够推出新的产品或者是非常有力的战略，否则你将很难超过这一水平。比如说，霍尼韦尔的汽车制造部门就是如此，它当时处于一个增长非常缓慢的行业领域里，所以我们就大大降低了该部门的利润指标，并同时减少了它的资源占有量。

在制订战略计划的过程中，规划人员还要列出该部门的市场份额，这在很大程度上反映了该部门是处于市场领导地位，还是一个无足轻重的小卒。市场份额是最有力的评判标准，显然，它会在很大程度上影响到一个公司的战略计划。如果某部门在市场上所占的份额很低，而它又处在一个高速增长的市场环境当中，则战略计划的主要目标就应当是提高该部门的市场占有率。而且它还应当详细表明，在过去的一年中，该部门的市场占有率是增加还是减少。

战略计划还应当包括对该业务部门主要竞争对手的评估。毕竟，在你构思战略的时候，你的竞争对手也在准备采取行动。对于霍尼韦尔的航空电子工业部门来说，它在制定战略时就对自己的竞争对手（Rockwell Collins 和法国的 Thalen）进行了详细深入的分析。

战略分析的下一个问题是：什么样的公司能够在这个行业的当前环境下取得成功？它们的成本结构如何？是否有革新性的技术、成熟的分销系统，以及一个全球化的战略方案？换句话说，那些在本行业中取得成功的公司与不成功的公司之间的主要差别是什么？

在制定战略时，你不能只是胡乱拼凑起一份计划，然后等着奇迹发生。一开始就要确定明确的目标：你希望达成什么目标？我们需要在哪些方面取得进一步的改进？这项计划对我们的真正意义在哪里？目标越详细清晰，你取得成功的希望也就越大。

* * *

一份优秀的战略计划必须解决以下问题：

- 外部环境如何？

- 对企业现有市场和客户的理解有多深入？

- 提高业务盈利能力的最佳方式是什么？障碍是什么？

- 争对手都是谁？

- 企业是否具有实施该项战略的能力？

- 企业短期利益和长期利益是否平衡？

- 执行计划过程中的阶段性目标是什么？

- 企业目前面临着哪些关键问题？

- 企业如何保持持久的盈利？

外部环境如何

　　所有企业都是在一种不断变化的政治、社会和宏观经济背景下运营的，所以一份理智的战略计划必须反映出管理层在制订计划时对外部环境做出的假设。一个业务部门的领导者必须对外部环境进行仔细的审视和理解。他们应该研究从经济和人口趋势、政策变革、技术更新、竞争对手之间的合作，到产品需求变化等各方面的因素。在我们前面谈到的例子当中，美国电话电报公司战略失败的主要原因就是由于管理层没有预料到政府部门的政策执行不力、资本市场对网络公司的青睐有加，以及媒体的衰势等因素。

　　大家所面对的环境都是相同的，而成功者和失败者之间的主要差别就在于它们感知外部环境变化，以及根据情况变化及时进行政策调整的能力。比如说，1997 年亚洲金融危机爆发的时候，大多数公司都是到 1998 年 3 月才意识到这次危机的严重性。通用电气和联信公司却能够在 1997 年年底就感觉到危机已经到来，并及时调整了公司 1998 年的运营策略，因此，虽然外部环境发生了变化，但两家公司还是圆满实现了预定目标。但这样的情况并不多见，事实上，大多数公司都没有采取充分的措施来应对这场风暴。

对企业现有市场和客户的理解有多深入

可能没有想象的那么好。比如说，从购买的决策过程而言，购买工业品的客户的决策过程要比普通消费者的决策过程复杂得多。一家大型工业公司的部门经理最近建议公司启动一项耗资 3 亿美元的发展战略。根据这项战略，公司将对现有技术进行改造，从而生产出一种能够吸引新型客户的新产品。整个战略非常完整，这位经理回答了有关竞争数据、行业状况以及外部环境等各方面的问题。CEO 耐心地聆听了 20 分钟——对于一位日理万机的人来说，这可是不多见的。最后，他提出了下面几个问题：首先，新产品的潜在客户是谁？部门经理回答说是客户公司的采购部门经理。CEO 说道，"真的？让我重复一下我刚才的问题。这种新型产品将被出售给什么样的公司？"部门经理回答，"显然是工程公司。"CEO 的最后一个问题是："你征求了多少位工程师的意见？"部门经理哑口无言。就这样，这项提议被彻底否定了。

在分析问题的时候，人们通常都是采用一种由内到外的方式，也就是说，他们总是更多地从制造和销售产品的角度来考虑问题，而忽视了客户的购买行为和实际需求。

关键就是要了解那些实际做出购买决策的人以及他们的购买行为。比如说，在大型的工业公司里，做出购买决策的大多是工程师和采购代表。在小公司里，CFO（有时甚至是 CEO）是主要的采购决策者，因为他们要对公司的现金流保持关注。在进行销售的时候，针对不同的公司要采取不同的战略。

提高业务盈利能力的最佳方式是什么？障碍是什么？

你的企业是需要开发新产品，还是应该将现有的产品打入新的市场，推荐给新的客户？它是否需要收购其他公司？与竞争对手相比，它的成本结构如何——公司准备采取什么措施来改进自己的成本结构？

在 20 世纪 90 年代早期的时候，通用电气的医疗系统部门（通用电气医疗）在美国就遇到了困难。由于政策变动，许多医院停止了对新的医疗设备的购买，导致该部门的发展受到了严重打击。针对这种情况，该部门经理约翰·特拉尼和他的管理团队准备进入相关产品领域，并同时为医疗设备（无论从哪家厂商购买的）所有者提供保养和其他服务。结果，在执行战略的过程中，该部门遇到了以下障碍：首先，一些非通用电气医疗设备被从通用电气医疗的高科技诊断机器上搬走；其次，该部门必须设法使潜在客户相信自己的提议是有价值的。通过收购一家专业生产技术水平较低的设备公司，并同时把精力集中在流程改进以增加自己员工的生产力上面，该部门最终克服了这个障碍。它的第二个障碍是通过与俄亥俄州的一家小型医院的合作来克服的：该部门与这家医院签订了一份协议，根据这份协议，通用电气医疗将负责为该医院所有的设备提供保养服务，同时保证此举能够使该医院大大降低医疗设备维护成本。合同取得成功之后，通用电气医疗就可以凭借这一记录来争取到更多的潜在客户。就这样，新的服务项目所带来的收入在该部门的收入额中所占比例越来越高，并最终为公司带来了大量现金流。

在定义成长机会的过程中，市场细分地图（market segment mapping）是一件有用的工具。这种工具的原理非常简单——任何企业都可以被细分化。许多消费品公司都把该工具作为一个重要的决策手段，但还有很多公司没有意识到它的作用，尤其是工业品公司。规划人员总是在谈论市场细分，但就我们所知，真正懂得如何利用市场细分描绘工具的人不足5%。

为了了解该工具的工作原理，让我们首先看看 A. T. Cross 对豪华钢笔市场进行的细分。在进行市场细分的过程中，该公司将自己的客户分为三大类。第一类是那些为自己购买钢笔的人；第二类是那些购买钢笔作为礼品的人；第三类是那些购买大批钢笔（通常上面还会刻有定做的标志）的团体。对于不同的细分市场来说，它们所需要的产品是大致相同的，但不同市场的需求量存在很大的差别，因此在针对不同客户进行销售的时候，公司也应当采取不同的策略。而且，在每一个细分市场当中，Cross 公司都要应对不同的竞争对手、不同的销售渠道以及不同的定价策略。

航空工业的一个细分市场最近改变了制造商和供应商之间的

运营机制。在过去的七八年时间里，随着航班服务质量的下降和价格的上升，喷气式飞机行业获得了巨大的发展机遇。1996 年，执行官喷气式飞机开创了分段式所有制的先河，执行官们可以采用分段付费的方式来共享一架喷气式飞机。这种服务模式所开创的新的细分市场很快取得了快速发展。其中最著名的制造商当属加拿大的 Bombardier，因为 Bombardier 所生产的飞机非常适合这一市场，就规模来说，它所生产的飞机比其竞争对手 Beech 和 Cessna 航空公司的产品要大，而又小于波音或麦道及其他一些海外竞争对手的飞机。

竞争对手都是谁

在某些情况下，新的竞争对手突然出现——它们往往能够对客户形成更大的吸引力，但很多企业都没有意识到。比如说，当 Staples、Office Depot 和 OfficeMax 在相互竞争的时候，它们根本没有注意到沃尔玛正在进入折扣办公用品市场。所有这三家公司的市场份额都开始缩减，它们的股票价格也开始一路下滑。

拉姆：通常情况下，大多数公司都容易低估自己竞争对手的应对能力。有一年年底，一家市值 50 亿美元的公司的 CEO 给我打了一个电话。他说，"我九个月前就已经宣布，在未来的一年时间里，我们公司的每股收益率将达到 5 美元。但从当前的形势看来，我们最多只能达到 3.5 美元。可问题在哪里呢？市场形势良好，对我们产品的需求也没有呈现出任何下滑的趋势。我感到非常为难。"

　　我们用了一天时间一起讨论，下面就是这次讨论的结果。出现当前这种情况主要应该归咎于该公司一个关键的部门。该部门主管是一个非常聪明而且非常善于与人打交道的人，他曾经在哈佛商学院任教，并在一家主要的咨询公司从事过咨询工作。到目前为止，他在这家公司已经待了五年，而且大家都认为他肯定会继承 CEO 的位置。

　　根据他的战略，公司将通过降低价格的方式来扩展自己的市场份额。在过去的三年里，他不断地扩大公司的生产能力，由于这是个资本密集型行业，而且边际利润很薄，所以他的这种战略消耗了大量现金。按照他的计算，价格降低所带来的销售量的增加将大大降低生产成本。当 CEO 对这项战略进行评估的时候，认为这是一份非常合理的战略。

　　我们对整个战略进行评估，最后我问道，"那么问题到底在哪里呢？"当时 CEO 已经找出了问题的症结所在。"我没有询问竞争对手的反应，事实是，我们最大的竞争对手几乎立刻就做出了反应，其他同行公司也纷纷仿效。整个行业的价格开始下降。由于我们公司在市场上占有最大的份额，因此遭受的损失也最大。"

　　CEO 马上替换掉了这位部门主管。新主管上任之后逐步采取措施恢复到了原来的价格水平，启动了生产力项目，并逐渐降低了成本。竞争对手也跟着提高了价格。到第二年年底，这位 CEO 当初制定的每股收益 5 美元的目标终于实现了。

　　还有些人的问题恰恰相反，由于没有提出正确的问题，他们过高地估计了对手，并因此丧失了宝贵的市场机遇。比如说，我曾经供职的一家小型软件公司就是如此。它的产品风行一时，能够通过网络将家用电器彼此连接起来，并最终接入互联网，但这家公司并没有因此而采取强有力的市场行动。在与该公司领导人谈话的过程中，我发现他们对微软公司充满了恐惧，而正是这种恐惧束缚了他们的手脚。微软当时并没有能够与该公司相竞争的产品，但在这家公司的所有竞争分析报告当中，他们都会说，"一旦微软知道我们在做什么，他们就会立刻倾尽全力追击我们。"在说这种话时，他们忽视了一个非常重要的事实，那就是微软并没有打算在这一领域采取行动。而且他们知道如何执行，实际上，如果能够争取到一些重要的客户，并使其产生连锁效应，从而争取到更多的客户，他们就能够稳稳地控制市场。

在我的建议下，该公司采取了大胆的行动，并最终取得了成功。为了取得更好的成绩，公司正在准备采取措施进行组织变革，并对销售和设计部门进行调整。它目前正在重组销售团队，进军其他一些细分市场，并最终改进周期时间。

企业能否具有实施该项战略的能力

很多企业失败的原因都在于它们的领导者没有对自己企业的执行能力做出符合实际的评估，比如说施乐、朗讯和美国电话电报公司。另外一个例子就是我们在第 1 章开始的时候谈到的乔——那位始终搞不懂为什么自己精心制定的战略会失败的 CEO，并因此而丢掉了饭碗。事实上，如果他和他的领导团队能够在制订计划时对自己企业的执行能力进行实事求是的评估，他就不会陷入这种境地——他们的企业根本不具备实施计划的能力。公司的最高两级领导层当中根本没有足够的人员来完成必要的工作，制造部门的人员也不知道如何改进工厂里的工作流程，这就导致他们无法达到自己预期的结果。制造环节还缺乏不断改进流程，所以他们无法实现客户要求的成本和质量标准。最后，他们几乎根本没有能力与供应链上游成员共同合作以降低成本（顺便说一句，对许多制造业公司来说，这都是一个非常严重的问题）。

如何进行评估呢？从某种意义上来讲，这根本不应该是个问题。如果你是一名称职的领导者——如果你深入参与了公司的三个核心流程，并能够在公司范围内建立一种坦诚相见的对话习惯——你就一定对自己组织的执行能力有着切实的了解。但事情还没有完，你还需要聆听客户和供应商的意见。要求公司的所有领导者都养成这种习惯，并要求他们对听到的信息及时进行总结报告。还有，千万别忘了证券分析师，这些身处局外的人往往能对你的公司做出更为客观的评价。有些意见是非常有意义的，而有些则毫无意义，但无论如何，你总能从某些意见中加深对自己组织的认识。

拉里： 在衡量组织能力的时候，一个重要的方法就是提出正确的问题。比如说，如果你的战略要求整个组织具备全世界范围内的生产能力，你就需要了解以下问题："我们是否拥有具有全球运营经验的人才？我们的员工是否知道如何进行资源搜索？我们是否有足够的能力来经营一条延伸到全世界范围的供应链？"在回答每一个问题的时候，我建议你按照从一到十的分值来打分，如果你的答案最终得分没有高于六的话，那就说明你的公司并不具备足够的能力。

如果你身处机械工程行业，并准备向电子行业转型（事实上，这也是大多数公司当前所采取的战略），那么你就应该考虑，自己的公司到底有多少对电子行业非常了解的人？你是否对芯片技术或信息技术有着足够的了解？如果准备把软件嵌入到某些产品当中的话，你是否拥有足够的软件人才储备？如果你对这些问题的回答得分是八分或七分的话，怎样才能将其提高到十分呢？你的手下是否理解六西格玛，或者他们是否至少取得了五西格玛？你的员工是否能够对新产品做出快速的反应？如果答案是"否"的话，你就需要招聘更多的销售人才，或者是采取一些矫正性的行动，比如说与一些专业销售公司达成协议，让其代为推销你的产品等。在金融领域，你是否需要进行基础的成本计算，或者你是否需要处理一些全球性的事务，因为这样就需要聘请更为高级的会计人才。

你肯定可以提高整个组织的能力，这也是为你的组织的长期发展考虑，但你从这个流程中所得到的最为珍贵的东西还是理解了本组织的不足之处。

执行计划过程中的阶段性目标是什么

阶段性目标是实现任何战略的基础。如果你的企业没有完成自己的阶段性目标，它的领导者就必须重新考虑自己的战略计划是否正确。比如说我们前面谈到的霍尼韦尔的汽车制造部门，它的短期和中期目标就是将生产活动转移到那些成本较低的地区，同时采用新技术，推出更有特色的产品，并提高自己的边际利润。该部门的长期（五年或更长）目标则是将业务扩展到其他行业，进行技术调整，为其他市场中的客户提供更多品种的服务。

一份优秀的战略应该是可以随着环境的变化而随时调整的。一年进行一次规划可能是一种非常危险的规划方式，尤其是对于那些身处周期比较短的行业当中的公司来说，因为市场环境瞬息万变，根本不会给你很长时间进行大的战略调整。但阶段性的评估就不同了，它可以帮助你对当前的市场情况和企业发展阶段有着更好的了解，同时对计划进行一些必要的调整。这也是我建议企业领导者必须从一开始就参与计划制订的一个重要原因。因为他们脑子里面始终装着这些计划，所以他们会经常地把自己所设想的目标与企业的现实情况进行一番对照。而且，由于整个计划的核心部分都已经被确定了下来，所以进行调整并不需要花费太长的时间。

企业短期利益和长期利益是否平衡

战略规划必须以适时的方式进行，它必须与企业所面临的竞争环境和企业自身条件的变化结合起来。这就意味着，在制定长期目标的同时，你还必须考虑到企业的短期任务。对长期目标进行分解，考虑如何在短期或中期获得阶段性成就，是实现长期目标的重要保证。

任何事情，从客户到现金流，都会在瞬间发生变化，所以企业必须做好准备来适应新的经济形势。在制订计划的过程中，你需要采用一种超前的眼光，能够在变化发生之前就做出比较切实的预测。

比如说，如果你打算把自己的工厂转移到一些劳动力成本比较低的国家，你就不需要过早确定具体的国家。原因很简单，就目前的情况来看，在中国设厂可能是一个比较明智的选择，但一年之后情况可能会发生较大的变化。所以就当前而言，你只需要决定把工厂转移到成本较低的国家就可以了，至于具体的地点，你可以在实施该计划的时候再做出具体的决策。

对于一项战略计划来说，把握好短期和长期之间的平衡是至关重要的。大多数计划都没有考虑计划制订和实施之间的环境变化，这是一种非常冒险的行为，而且这样的计划通常也不可能实现。

拉里：你不应该为了计划而计划。在制订任何一项计划的时候，你必须同时考虑到必要的成本和可能的收益，必须注意在实现长期目标的同时保证短期效益。

杰里是我们的一位部门经理，他曾经提出过一个看起来好像曲棍球棒的计划，如果我们接受该计划的话，在开始的一段时间内，我们的成本会下降，随后会出现较大的上升。他告诉我："我们很可能在三年之内无法实现收益增长，因为这段时间属于计划启动期。"我告诉他："杰里，对于一家公司来说，它无法承受如此巨大的代价。一项合理的计划必须保证短期利益和长期利益的平衡。如果我们为了实现长期收益而牺牲短期收益的话，计划实施人员的热情就会大大降低。"

当你逼迫人们考虑这类问题的时候，他们所表现出来的想象力和革新精神是难以想象的。不久，杰里回来对我说："我们可以保证短期利益，因为现在我发现它的长期收益并不是那么诱人。我们可以卖掉一些并不适合我们的部门，通过这种方式，我们可以把成本降低10%，从另外一个角度来讲，这就是一项巨大的收益。我们可以采取四五项措施来弥补新产品开发阶段公司所遭受的损失。"

结果，我们把整个企业团队投入到新计划的实施当中，并最终取得了成功。

拉姆：当它还只是一家市值2亿美元的公司时，英特尔就已经掌握了平衡短期利益和长期利益的艺术。他们明白，要想成功，他们就必须在新一代技术浪潮到来之前投资改进生产流程和设备。只有这样，他们才能更好地迎接可能的挑战，在实现短期利益的同时，为企业的长期发展奠定基础。

要想实现这种平衡，你必须拥有一定的创造性，并能够寻找到必要的外部资源。对于制药行业来说，这已经是常识了。比如说，在开发降低胆固醇的药物 Lipitor 的过程中，Warner-Lambert 公司在资源和销售渠道方面都出现了较大的需求。为此，它与辉瑞制药进行协商，决定由双方共同出资进行新药物的开发。通过这种方式，Warner-Lambert 获得了必要的外部资源（它从辉瑞制药得到了2.5亿美元的资金），并同时扩展了自己的销售渠道。

每年，一些像高露洁和爱默生这样的公司都会提供大量的资

源用于生产力提高项目。高露洁是一个注重以季度为单位的短期
收益的公司，所以它每年都有着令人羡慕的收益增长纪录，而且
它在收益增长、销售和现金流方面都要远胜自己的竞争对手。出
现这种情况的原因是多方面的，它的牙膏产品为其占领了巨大的
市场份额，而且它每年也都会投入大量资金用于未来的企业发展
项目。和其他日用消费品公司不同的是，高露洁公司目前已经建
立了一支专门研究企业未来发展的战略研究小组。

企业目前面临着哪些关键问题

每个企业都有六个左右的关键问题，如果处理不当的话，这
些问题很可能成为企业发展道路上的绊脚石。要解决这些问题，
企业的领导者必须进行大量的研究和思考。所以，在战略计划中
界定出这些问题无疑是非常重要的。

拉里：霍尼韦尔在这方面有着良好的习惯，在每次进行计划
评估之前的电话联系当中，我都会要求经理们列出自己心目中的
关键问题。然后我会告诉他们我的想法，这并不是我要显示出自
己的想法有多么不同，而是我们必须确定自己所制订的战略计划
必须讨论哪些问题。一段时间之后，我们会再次通过电话讨论这
四五个问题。最后我会说："再检查一下你的计划，一定要确保我
们能够在进行战略评估时解决所有的问题。"

在进行实际评估的时候，我们就会以这些问题作为讨论的开始。
当然，经理们会给出一些关键的数据——公司的规模有多大，他们
拥有多大的市场份额，这块市场的增长速度如何，他们都有哪些竞

争对手。接着我们会讨论今后三年里公司需要开展哪些增长和生产力项目。但整个讨论的焦点还是集中在那些可能会成为企业发展绊脚石的问题，以及我们应该投入精力重点把握的发展机遇。

比如说，我们曾经讨论了 2002 年我们的一个汽车产品将遇到三个主要问题。我们在日本的表现没有达到预期水平；我们应该如何提高自己在当地的表现水平？该产品的下一阶段技术发展趋势是怎样的？（因为它属于高技术市场，而该市场的变化速度是很快的。）以及我们如何在配件市场取得较大的发展？

你还要知道有哪些问题必须被留到以后解决。比如说，我们是否应当设立工厂制造新产品的问题。这个问题应当包括在最初的战略计划当中，但在没有足够细节信息的情况下，我们无法过早地做出判断。这样的问题可能不止一个，我希望首先对整个计划进行评估，然后再组织一次专门的会议来讨论解决这类问题。

在进行公开讨论的时候，这些"不应当被提及"的问题可能会让很多人难堪，因为其中很多问题的出现都要归咎于管理层的失误。我们在第 2 章讨论的施乐的故事就是一个很好的例子。由于管理层没能在执行计划的过程中对销售队伍进行重组（以行业为单位），并及时对管理中心进行相应的整合，这家负债累累的公司无法承受巨大的现金需求，再加上市场份额的丧失，最终引发了公司内部严重的财务危机。在针对战略计划的讨论当中，类似这样的问题应当是讨论的重点。当问题出现的时候，应当立即把它们列入讨论范围当中。"为什么去年我们的这一关键产品没有取得应有的市场份额？为什么我们不能进一步提高生产力？为什么我们在中国市场的增长水平没能达到预期的标准？为什么我们的质量问题迟迟得不到解决？我们怎样才能扩大自己的市场份额？"只有在这些问题得到解决之后，你最终才能得到令人满意的结论。从战略制定的角度来说，这是一项重要的战略规划练习。

* * *

许多战略之所以失败，其中一个重要的原因就在于，战略的制定人员没有意识到可能出现的问题。美国电话电报公司的主要问题就在于：在实施战略计划的过程中，它的长期收益开始下滑，而在这种情况下，它又缺乏足够的组织能力来进行必要的战略变革。Iridium 联盟——摩托罗拉和 TRW 联合进行的能够将世界范围内的卫星系统联结起来的项目——遇到了两个关键问题。其中一个就是如何把价格降到足够低的水平以形成足够大的客户群；另一个问题（与第一个紧密相关）就是如何开发足够小的通信设备以便让消费者可以随身携带。遗憾的是，该项目在这两点上都没有进行充分的准备。

2001 年，戴尔计算机公司遇到了问题——对 PC 业的增长前景无法进行清晰的判断。无论戴尔公司目前的市场份额怎样，这一市场都没有呈现出清晰的前景。在这种情况下，戴尔公司做出了一个非常明智的选择：与 EMC 联合推广 EMC 的储存设备。当然，戴尔公司还可以进军那些增长潜力显然要高于 PC 的相关市场。但问题是，戴尔这种低边际利润、高流动性的模式是否适用于技术要求较高的服务器市场？

从企业部门的角度来说，这些问题在范围上可能要小一些，但它们同样能够对企业的未来发展产生决定性的影响。比如说，在霍尼韦尔汽车部门2001年的计划评估当中，我们就提出了下面这些关键问题：

（1）针对目前汽车市场价格不断下降的情况，我们是否能够在压低成本的前提下仍然保持一定水平的边际利润？实现这一目标的成本是怎样的？

（2）领导团队是否可以考虑把制造环节转移到劳动力成本较低的地方？这样做有什么风险？

（3）我们会面临怎样的制度障碍？我们应当采取什么措施来解决这些问题？如果当地政府对排放量的要求比较严格，我们该怎么办？

企业如何保持持久的盈利

每项战略都应当附有详细的企业分析报告，它将如何在当前及以后为企业带来利润？这就意味着你必须对企业的一些基本情况有着完整的了解（对于不同的企业来说，具体情况可能有所差异）：现金流程、边际利润、周转率、收入增长、市场份额和竞争优势。比如，我们在前面谈到的那位主张投资3亿美元开发新产品的部门经理就需要回答下列问题，否则就无法解释自己的战略的盈利程度和投资回报情况：

- 不同需求水平的定价策略。客户是否会为你所提供的产品支付你所期望的价格。

- 当前和未来的成本及成本结构。

- 计划实施过程中的现金需求情况。

- 为了实现收入增长目标，企业需要采取哪些行动？

- 为了营销产品，企业需要进行多少投资？

- 为下一代的产品研制成功进行持续投资。

- 竞争对手会在产品价格上采取什么样的应对策略？

*　*　*

到目前为止，我们希望你已经了解了一份战略计划应当包含哪些具体的内容。战略制定并不是一项简单的数字游戏。当然，数字是很重要的，但仅仅做数字分析远远不能为企业的发展指明正确的道路。从根本上来说，你需要的是那些能够为你的战略提供必要参考价值的数据。

问题的提出也不应当是机械性的。随着时期的不同、条件的变化，企业所面临的最关键问题也会发生变化。同样，对这些问题的回答也会发生变化，即使对于同一个企业来说，在今天被认为是正确的答案明天可能就是错误的。

如果你的计划符合我们在本章列出的框架，它就为你在实施的过程中将战略与实际运营结合起来奠定了必要的基础。正如我们前面所谈到的那样，在实际工作中，将战略与运营结合起来的过程大多是通过积极的对话实现的，在第 8 章里，我们将就战略评估过程中展开的这些对话进行详细讨论。

如何进行战略评估

或许你曾经参加过一个或多个类似这样的战略评估——各相关部门人员的讨论会。规划人员拿出自己又厚又大的笔记本，然后一页一页地向大家解说，很少让别人提问。当然，CEO 会提出几个问题。但这些问题有时是经过规划人员预先提醒的，CEO 的问题也只是表明他对这个计划有着深入的了解。整个会议过程死气沉沉，催人欲睡。在长达四个小时的会议当中，与会人员之间没有进行任何富有建设性的讨论，而且整个会议几乎没有做出什么真正的行动决策。事实上，没有人完全理解自己所听到的内容——报告人那简单枯燥的问题根本突出不了任何实质性的问题。会议结束之后，人们拿着笔记本各自返回自己的办公室，然后把会议报告放在那里，等着落满灰尘。

在杰克·韦尔奇于 30 多年前接任总裁职位以前，通用电气的战略评估会议就是如此。在杰克·韦尔奇到来之后，他帮助整个公司形成了一种新的会议文化——我们彻底抛弃了厚厚的笔记本，在举行会议的时候，每个人都围绕着现实情况进行思考和讨论。但即便在这样的讨论当中，还是有很多会议充满了干巴巴的数字讨论，有时大家甚至会刻意回避那些比较困难的问题。

这显然无法建立一种真正的执行文化。企业部门战略评估是战略流程中最主要的互动沟通机制，它实际上是测试和验证一项战略的最有效的场地之一，也是在计划实施之前最后的一次补救机会。因此，这种会议应该尽可能地把各种问题都考虑在内，与会人员应当畅所欲言，将所有可能出现的问题一一列举出来。

战略评估应该是一次充满创造性的练习，而不是例行公事的演练。如果谈话中体现不出任何的创造性，这样的会议就没有任何实质意义。在会议结束的时候，人们应当就所讨论的问题得出明晰的结论，每个人都应当明确自己的责任，领导者则要及时跟进，确保每个人都了解本次会议所达成的共识。

拉里：我的儿子保罗，通用电气资本商业设备部门主管财务的副总裁，正准备参加他的第一次规划会议。他问我："爸爸，这种会议的目的是什么？"我告诉他："寻找新的想法。所以你在准备的时候应该竭力拿出好的方案，千万别在意别人的看法。你可以和大家讨论，讨论的过程本身就是一种想象力的练习，事实上，许多优秀的方案都是在激烈的讨论中诞生的。这也是好的规划流程的一个重要步骤。"在对去年的战略计划进行评估的时候，不要忘记讨论一下计划的执行情况。是否实现了预定目标？我从来不要求人们提供一大堆数据，因为真正能说明问题的数据通常都非常精练。但这些信息必须是精确及时的，人们的讨论必须有着充分的事实依据，而不能一味地空想。只有具备了以上这些条件之后，你们的讨论才可能是真正符合实际，而且确有成效的。

* * *

战略评估还是一个领导者了解和培养下属的好地方。你可以借此更多地了解人们的战略思考能力。在评估会议结束的时候，你将对与会人员有更多的了解，并对他们获得提升的潜力做出更为恰当的评估。这同时也可以看成是一个指导人们的好机会。

提出合理的问题

在战略评估过程中，你会再次遇到自己在制订战略计划（第 7 章）的过程中提出的那些关键问题。而且，由于这次参加的人数更多，你会听到更多不同的声音。比如说，CFO 会从财务方面提出新的观点，而人力资源部门则会更多从人才培养的角度考虑问题。

最后一点要说明的是，战略评估会议上的讨论必须回答这样几个关键问题：这份计划是否合理？它是否前后一致？你的组织是否具备必要的能力来执行它？

同时，你还会遇到许多新的问题，而那些以前曾被提到的问题也会被更为详细地涉及。比如

- 每个业务部门对自己所面临的竞争形势的了解有多深入？
- 你的组织执行该计划的能力如何？

- 这份计划重点突出目标聚焦吗?
- 我们是否选择了正确的发展思路?
- 战略与人员和运营之间的联结是否清晰?

每个业务部门对自己所面临的竞争形势的了解有多深入

毫无疑问,在进行战略评估的过程中,人们需要对竞争形势进行分析。但在大多数情况下,企业在对自己的竞争对手进行分析时,他们所使用的行业结构、成本结构、市场份额、品牌区分度和分销渠道都是过时的。事实上,真正重要的是竞争对手当前的市场表现以及它们以后可能会采取的行动。

- 我们的竞争对手将采取哪些措施来把我们阻挡在它的客户门外?
- 竞争对手的销售力量如何?
- 我们的竞争对手将采取什么措施来增加自己的市场份额?
- 在我们推出新产品之后,竞争对手将采取什么应对措施?
- 我们对这些竞争对手的领导层的背景了解多少?(如果他们来自营销部门的话,他们很可能立即启动新的营销项目;如果他们来自生产部门的话,他们的第一反应可能是提高产品质量。)
- 我们对最强的竞争对手的领导者了解多少? 对我们来说,这意味着什么?(如果竞争对手在扩大市场份额方面采取了很强的激励措施,则它很可能会以牺牲利润额来阻止我们进入它当前的市场空间。虽然这可能只是一种短期的行为,但却足以破坏我们的计划。)

- 竞争对手可能会采取哪些并购行为来应对？

- 竞争对手是否会组成战略联盟，并主动向我们发起攻击？（比如说，太阳微系统公司就曾面临戴尔计算机与 EMC 的联盟。）

- 竞争对手会招聘哪些新的人才来改变当前双方的竞争力量对比？比如说，福特和克莱斯勒公司就应该仔细分析通用汽车公司任命鲍勃·路兹担任公司副总裁这一事件。自从里克·瓦戈纳担任该公司总裁和 CEO 以来，通用汽车已经在降低成本方面取得了长足的进步。鲍勃·路兹是汽车制造领域最优秀的产品开发员，他的到来说明通用汽车已经在重获市场份额方面迈出了一大步。路兹不仅对消费者需求有着独到的见解，还非常注重降低成本。他在福特和克莱斯勒两大汽车公司的汽车设计和新产品开发（并降低了开发周期时间）领域所取得的成就迄今无人能及。在两家汽车公司对自己所面临的竞争形势进行分析的时候，它们一定要意识到路兹的加入所产生的影响。

你的组织执行该计划的能力如何

在这个问题上，人员选育流程和战略制定流程之间的联结就显得至关重要了。比如说，一家目前正处于市场主导地位的软件公司过去的三年里取得了极大的发展，它的合同额由 1999 年的 40 亿美元增加到 2001 年的 120 亿美元。它的销售人员经常向名列《财富》1000 强的企业的信息技术经理推销服务，仅仅是这些公司的订单额就高达 5 亿美元。为了维持这种高增长率，该公司的下一个目标是成为《财富》50 强企业的主要软件提供商，并将与这些公司的合同额增加到 20 亿美元。这就意味着销售人员必须直接与这些企业的 CEO 或 CFO 直接联系，并使这些客户进一步了解自己所提供服务的价值所在。为了实现这个目标，该公司需要建立一些跨部门的团队，能够直接将自己所销售的服务和客户的财务目标联系起来。这种销售需要很长的运营周期，有时整个销售团队可能需要一年的时间才能争取到一笔合同。所以在开展工作之前，销售团队必须具有高于 50% 的胜算（而以前只有 30% 的把握）。在执行这项新战略的过程中，销售人员需要预测出《财富》50 强客户的总需要。在这种情况下，他们需要问自己这样一些问题：

- 我们是否拥有必要的销售团队和销售工程师来占领新的市场空间？这时你就会意识到自己可能需要聘请新的销售人员，并就新的组织结构、领导者的能力以及判断战略实施过程中的阶段性标准等问题进行深入讨论。
- 我们是否对技术本身及技术变迁的趋势有着足够的了解？
- 我们的成本结构是否允许我们在保证利润的情况下与对手竞争？

这份计划重点突出、内容聚焦吗

当企业准备通过扩大产品范围的方式来实现利润增长的时候，它们经常会遇到的一个问题就是进行超负荷运营，也就是说，它们的服务和产品已经超出了其实际能力。通用汽车、宝洁和许多其他公司就曾经犯过这种错误。在经历了 20 年漫无目标的发展之后，联合利华最终建立了大约 1600 个品牌。在 2001 年，该公司开始解决这个问题，将自己的品牌数量减少到 400 个左右，结果它的边际利润和收入增长都出现了明显的增加。

问题是：

- 这个计划是否过于宏伟？我们应该怎样设定各项工作的先后顺序？
- 我们的领导团队是否同时进入了太多的市场空间？这种做法是否影响了我们在原有市场空间中的主导地位，或者我们是否会因为进入新的市场而彻底失去原来的市场？

我们是否选择了正确的发展思路

许多人在制定战略的时候选择了错误的发展思路。如果你选择的发展思路不适合企业的现实情况，无论执行得有多好，失败的风险都很高。

比如说，有一家市值为 60 亿美元的工业公司，它以往都是通过一个由小型分销商组成的网络来把自己的产品销售给客户，而且在通过这种方式进行销售的时候，该公司通常能够获得较高的边际利润。为了实现更大的增长，该公司购买了许多分销商，并决心建立一条完整的销售链条。为了经营这条销售链，公司将自己在欧洲的执行官调到了总部，而那些在早期帮助公司建立分销网络的工作人员则先后离开。对于这家公司来说，进军零售业就是一个错误的选择。它根本不了解零售业，不知道如何在这种边际利润较低的行业（而且需要很强的物流供应专业知识）中盈利，也没有准备建立一支团队来管理公司新的业务。结果，公司开始赔钱，而股票价格也下跌了 1/3。

如何进行正确的选择呢？其中一个重要的判断标准就是该发展思路的具体和清晰程度，然后你需要广泛征求别人的意见以确保这些发展思路符合实际。在考虑每项发展思路的时候，你都应该向自己提出以下四个问题：

- 这个发展思路是否与目前的市场现实情况一致？
- 我们的组织是否拥有足够的条件来执行这项发展思路？
- 我们在寻求发展思路的时候是否过于贪婪了？
- 这项发展思路能否给我们带来利润？

在回答这些问题的过程中，我建议你充分征求其他领导者以及规划人员的意见，然后你们可以一起决定公司准备采取的方案。

拉里： 比如，一位企业领导者希望进入一个新的市场空间，但目前该公司又没有适当的产品。在这种情况下，你需要了解目前哪些公司拥有适当的产品，以及该细分市场的增长情况如何。除了对计划发展思路进行评估之外，你还必须设想如何将这项发展思路应用在自己的企业当中。我们都知道，没有一家公司愿意进入一个自己不熟悉的行业，但事实上，很多企业都犯了这个错误。这些企业的决策者们通常都有这样一种心理，"虽然我们以前没有进入过这个行业，但我们现在的行业与该行业也非常相似，而且我们认为自己能够聘请到必要的人才来帮助我们进入新的行业。"对于一个企业的领导者来说，这种想法是非常危险的。

当我在联信公司工作的时候，有人曾经告诉我："我们碰巧开发了一种新的平面屏幕，所以我们想借此机会进军平面屏幕业。"我视察了这项技术，的确如此。我说道："很好，但我们并不具有制造平面屏幕的核心技术。按照你的观点，我们的确能够制造这种屏幕，但事实上，我们并没有制造这种产品的经验。我们甚至都不具备进入这一行业所必需的企业文化。目前这一行业的市场空间已经被几家大的公司所瓜分，我们怎样才能在与它们的竞争中取胜呢？"最后，经过一番激烈的讨论之后，我们把这项技术授权给了一家拥有该行业制造经验的公司。

换句话说，你不仅要对一项方案进行适当的评估，还要考虑它是否符合企业的实际情况。因为一个好的产品或服务方案可能适用于其他公司，但在你的公司里却行不通。有时，一些好的创意反而会给你的公司带来灾难。

还有一件需要注意的事情，就是不要同时进行太多项目。比如说，在一次公司范围内的战略计划评估会议上，有四个方案脱颖而出。就所需要的准备工作而言，它们都需要 5～7 年的时间才能发展成熟。许多人可能毫不犹豫地就接受了所有这四项方案。但由于这些方案通常需要较大的投入，而且它们的周期都比较长，所以在执行的过程中，人们的信心也许会逐渐减弱，从而也就会相应地减少投入，结果整个方案的执行周期就会被进一步延长。

在遇到一些类似的方案的时候，你必须说："看，我们的公司目前还不足以承担这样的方案，所以我们应该挑选出两个最好的，将其付诸实施。我们可以承受相关的成本。就目前的情况来说，我们还不能对其他两个方案做出决策。或许等到我们条件成熟的时候，这两个方案已经过时了，所以我们现在最好把它们授权给其他企业。"在现实生活中，企业的胃口变得如此之大，以致它们的选择超出了自己的消化能力，并因此而做出了错误的决策——它们同时进行过多的项目，最终落得一无所获。

战略评估能够帮助我们更加明确企业发展的方向。它实际上为企业提供资源分配的基础，决策者在进行资源分配的时候，可以有选择地把更多的资源投入到那些更加富有吸引力的项目当中，而同时减少对不那么诱人的项目的投入。

战略与人员，与运营之间的联结是否清晰

要想真正解决我们前面谈到的问题，你必须将企业的战略制定流程与人员选育和运营实施流程分别联系起来。你和你的公司的其他领导者对这三项流程了解得越多，你们就越能做出符合实际的战略选择。

当运营计划（见第 9 章）的前几页描述了新的战略方向、所需要的资源以及企业在来年的季度项目时，战略和运营之间的联系就变得非常透明了。

我们在第 7 章讨论到的汽车制造业供应商所制定的战略就是一个成功的典型，事实上，正是这项战略使该公司由一家收支均衡的商品型企业转变为世界十大工业客户的首选供应商。它现在准备为相关市场空间的客户提供新的服务，进而使自己的企业前进到新的阶段。在该公司进行战略评估时，它所应当考虑的关于

人员和运营之间的结合方面的问题包括：

这家企业的某个部门所制定的战略清晰地列出了它将如何与新的客户群建立关系，以及在新的市场空间中提供合格产品的具体方案。

- 如果需要对原有的组织结构进行调整，新的组织结构将需要怎样的销售管理技能？
- 企业是否分配了足够的资源来保证企业能够在来年进入新的市场空间？
- 企业每个季度的具体工作项目有哪些？这些项目的资金来源如何解决？对于一个企业来说，它每个季度都需要一定的收入来源，这是否会与公司的季度项目相冲突？（高明的领导者总是能够在短期和长期利益之间做出适当的选择。）

或者，假设你正准备进入一个相邻的市场空间？你准备如何叩开那些潜在客户的大门？你准备如何确保自己的产品能满足他们的具体需求？所有这些问题既是一个人员问题，也是一个运营问题，它都会迫使你做出以下的考虑：

- 你是否拥有必要的人员来完成这些任务？
- 你是否分配了足够的时间来完成必要的工作？

拉里：一份好的战略计划必须能够直接转化为行动计划。这种转化不一定是一次完成的，但它必须包含一定的可操作性。有时你必须经历两个流程，它会使你产生一种身处两家公司的感觉。

在对战略计划进行评估的时候，你可能并没有意识到它对运营计划的影响；或者相反，在制订运营计划的时候，你可能无法从战略的角度考虑问题。

在进行运营计划评估的时候，我喜欢首先很快地评估一下战略计划，以确定二者之间的联系是否已经建立。在我看来，运营计划的前三页应该是一份战略计划的总结，而战略计划中那些已经达成共识的部分必须被天衣无缝地转化到运营计划当中。比如说，在一份战略计划当中，我们决定要投资启动一种新产品（以对我们现有的产品进行补充），而且我们对投资的具体金额、预期的结果等都有了明确的指标。因此，在对运营计划进行评估的时候，我们就必须确保运营计划包含了一份足以保证该战略目标实现的研发行动步骤方案。

在制订战略计划的时候，你所预想的前提条件是否符合企业的现实情况？你必须确定自己的组织希望（以及不希望）在哪些领域投资，并在制订战略计划的时候考虑到这些因素——我们称之为"内部指示器"。内部指示器一般包括以下几点：你希望进入的行业，你不希望进入的行业，你希望投资的行业，以及你希望获得收益的行业。

比如，有人向你提出了一份计划，如果该计划实施成功的话，你的公司将实现年 15% 的收益增长率。提出这份计划的人是一位非常出色的领导者，他工作积极负责，总是能够完成自己的任务。但你或许已经注意到，他的部门所在的市场每年的增长率只有3%。在这种情况下，他怎么可能实现年 15% 的增长率呢？而且，我们需要为此付出什么代价呢？这是一个增长非常缓慢的市场，你愿意为了扩大在这种市场上所占的份额而投入巨资——用于产品研发、市场营销、并购等吗？或许你应该把钱用在更重要的地方。

或者，假设有人建议你应该接受我前面谈到的四项方案。在这种情况下，我建议你首先参考一下相关信息，然后问："你准备在这四项方案中投入多少资金，它们会给你带来哪些损失？"如果对方不能提供好的答案，你就应该告诉他："看，我们目前还没有实力同时进行这四项方案。你先挑选两个，我们会投资，过一段时间之后，我们将视届时的情况再确定应该如何处理另外两个。"我不会等到读完战略计划（它建议我同时启动四项方案）之后，再转向运营计划，然后再说："哦，天哪，看看，我们无法同时进行四个项目。"他会说："好吧，我们的战略计划包含了所有这四项方案，你说你喜欢它们，我们就把它放到你的运营计划当中，可现在你又准备把它们剔除。"

当一家企业决定启动一项新战略的时候，它需要在相关人员之间就产品质量问题等展开讨论。在霍尼韦尔，我们决定进入电子封装（electronic packaging）行业——也就是为电子母板设计和开发芯片，但我们当时并没有那些拥有适当的技术背景和制造知识的人才储备。结果一进入该行业，我们就开始赔钱。但我们并没有掩盖问题，我们举行了一次有效的对话，大家集中讨论了公司目前存在的问题，然后我们决定要克服自己的这一缺陷。但结果证明，我们目前还没有这个能力。但那个提出这项战略的人非常善于说服我们，我们根本无法拒绝他的提议。我们决定背水一战，把这个人和整个组织作为赌注，但股东们对我们的这种做法并不满意。

＊　＊　＊

在我们上面谈到的那些流程当中，你要始终保持对关键问题的关注，而做到这一点的唯一方式就是要经常提出适当的问题：你是否把适当的领导者安排到了适当的工作岗位上？他们之间是否能很好地协作？你是否拥有足够的人才储备？你是否拥有生产、财务和技术方面的资源来执行这项战略？

持续跟进，直至达成目标

战略评估结束之后，你应该给每位领导者写封信，在这封信中，你的主要目的是确认此次讨论所达成的共识，并将其作为战略实施过程中的进程指标。你应该在信中谈到企业增长和新产品开发方面的问题，而且它应该在战略、人员和运营之间建立必要的联系。下面就是我在霍尼韦尔任职的时候曾经写过的一封信：

日　　期：某年 6 月 22 日

收信人：简·史密斯

发信人：拉里·博西迪

主　　题：X 系统战略计划评估

这是一个前景非常美妙的行业，也是一份很棒的计划。以下是一些具体的评论：

- 我们必须意识到竞争对手的存在。实际上，我们应该想象一下，自己在哪些方面可能受到攻击。对手们都是一些非常强大的公司，我们决不能大意轻敌。记住，大多数公司失利的原因都在于成本或技术，我们必须准备在这两方面与潜在的对手展开竞争。

- 我们应该保护自己目前在欧洲市场上的份额。这一地区拥有非常大的增长潜力，所以我们不能给竞争对手以可乘之机，更不能让其在欧洲市场安营扎寨。

- 我们必须明确客户的目标和期望。这是我们制订计划的一个必要前提，而且可以提高我们预测及满足客户需求的能力。

- 将我们的品牌授权给其他公司是一个不错的提议，但我们需要仔细斟酌该计划的实施地点及方式问题，以免给我们的企业带来任何不利的影响。

- 我们目前与客户 A 保持着非常密切的关系，而且与客户 B 关系的恢复也进行得非常好。B 是我们在欧洲南部一个非常重要的客户，我们与该公司的关系曾一度陷入低谷，但目前看来，我们之间的关系正在逐渐恢复。现在，我们需要为客户提供更加一致的服务，尤其是当我们希望客户能提供一个不错的价格时。

- 我们显然不能同时启动这份计划中谈到的所有项目。你必须列出一个先后顺序，对于那些暂时无力启动的项目，我们应当试图寻找一些其他的资金渠道（比如说政府项目）。

- 轮形表格（wheel portfolio chart）是一种很好的描述我们当前位置的方式，你可以用它来对我们的项目进度进行追踪记录。

- 你应该加大产品 Y 的推广力度。客户 D、E 和 F 非常需要提高自己在这一领域的表现，而产品 Y 正好可以在这方面向他们提供帮助。

- 在实施销售后市场战略的时候，我们必须确保自己仍然能够满足客户的需要。那些小型再加工车间的服务水平至少应达到我们现在的水平。

- K 组的工作进行得不错，虽然我们还不知道我们是否能长久地维持在这一领域的优势。

- Z 部门的工作现在正处于关键时期，我们必须在关注可能出现的竞争对手的同时尽量降低成本。

- 我们需要为自己的工厂制订一份详细的计划，在考虑 ZZ 项目的同时注意我们现有的产品。这是一切工作的基础。

- 我们需要一些能够为 ZZ 项目增加价值的分销伙伴——而不是简单的产品中间商。

- 我们必须时刻关注竞争对手的系统能力，并找到适当的合作伙伴来建立自己的系统能力。

- 你必须不断敦促我们的"院外议员"使国会领导人相信我们产品的优势，并消除当前的一些错误观念所造成的负面影响。

- 我们必须在推出新产品之前就提高自己的制造能力。虽然我们已经做出了一些改进，但我们的备件配送率依然让人无法接受。

- 我们需要把六西格玛转化为更高的生产力。最后，我们必须在成本、质量和技术方面与对手展开竞争。我们必须在成本上获得竞争优势。我们应该采取更加积极的制造战略以把成本保持在足够低的水平。

- 我们应该注意保持策略的灵活性，应该对市场上可能出现的各种情况做好充分的准备。在这方面，泰国分部做得很好，但我们对中东分公司的情况还不大熟悉。

- 在亚洲开展采购和制造加工之前，我们应该充分考虑到汇率的变化可能产生的影响。我们需要确定亚洲汇率的升高所蕴藏的含义。我们还必须确定哪些零件可以在当地进行采购，哪些不能。我们必须确保那些核心供应商能随时满足我们的要求——无论是质量还是数量。如果我们准备把制造基地转移到 X 地区的话，这一点就尤为重要。

- BBB 项目给人留下了非常深刻的印象。它可以大大缩短我们的周期时间，并有效提高我们的工作效率。标准零件库的创意可能为我们提供一个巨大的发展机遇。

- 我们必须在专利注册和知识产权保护方面采取更为积极的措施。盯着竞争对手 X，看看它们是否侵犯了我们的知识产权。

- CCC 方案也是一个很好的提议，但距离实施还有一段距离。竞争对手 Y 在技术方面并不输于任何人，你应该多向它们征求意见。

- 在开发 DDD 技术的过程中，我们必须使其尽可能地简单化。即使在这种情况下，我们仍然可以获得该技术所带来的大部分价值。

- 我们必须使自己的领导团队多元化，这也是迎接全球化挑战的一个必要条件。

- 这是一份好的计划，它需要我们投入大量的精力，对领导团队的素质也有着很高的要求。你需要为自己的增长计划设定适当的优先顺序，并以此获得最高的投资回报。最后，一定要把你的战略思想和项目传达到整个组织的所有成员——最终的成功离不开他们的参与和支持。

* * *

在以上这些关于战略和人员的讨论中，我们列出了确定企业发展目标和执行人员的过程中所牵涉的必要步骤。下面我们将关注点转移到一些短期（以四个季度为单位）内的细节性问题，也就是具体的实施环节，它也是维持组织中各个部门相互协调的关键环节。

第9章

运营实施流程：在战略和
人员之间建立联系

假设你的老板要求你驱车从芝加哥赶往艾奥瓦州的奥斯卡卢萨——全程共有 317 英里[⊖]，他给你列出的预算相当清晰：你在汽油上的开销不得超出 16 美元，你必须在 5 小时 37 分钟内到达，而且你的时速每小时不得超过 60 英里。但没有人给你一张前往奥斯卡卢萨的地图，你也不能确定在路上是否会遇到暴风雪。

有点滑稽，不是吗？但实际上，这就是许多公司在制订战略计划时所持的心态。领导者们关心的只是结果，比如说收入、现金流和收益等，以及他们可以分配给你的资源，但他们并不关心战略的具体实施过程——只要你能实现预期的结果。而在一家具有执行型文化的企业当中，领导者在制订计划的过程中就会考虑到运营实施流程中可能出现的问题，并制订出一份能够将战略、人员及结果联系在一起的运营计划。

⊖　1 英里 =1.610 千米。

  战略制定流程通常只是定义了企业的发展方向，人员选育流程定义的则是战略实施过程中的人员因素，而运营计划则为这些人员开展工作提供了明确的指导方向。它把企业长期的目标分解为一些阶段性的任务，为了完成这些阶段性的任务，领导者就不得不做出许多具体的决策，将其整合到整个组织的运营当中，并根据市场情况的变化及时进行调整。所以在制订运营计划的过程中，所有的数据都必须以现实为依据，它不仅要以企业去年的表现为参照，从而为企业发展确定新的目标，还要为实现目标制定出具体的工作步骤。

  通常情况下，一份运营计划包括了你的企业准备在一年之内完成的项目——它们将保证你的企业能够在收益、销售和现金流等方面达到预期的目标。这样的项目有很多，比如说新产品的研发、市场营销计划、充分利用市场机遇的销售计划、生产计划，以及一份以提高效率为目标的制造计划。运营计划赖以建立的前提条件应该与企业所面临的现实环境联系起来，而且应该在财务人员和那些负责执行的领导人员之间进行充分的讨论。比如说，GDP的增长或降低、利息率的降低和通货膨胀率的变化会给计划的实施情况带来什么影响？如果一家重要的客户突然改变了自己的计划，我们应该对计划进行怎样的调整？运营计划应该具体指出企业的不同部门之间如何协调配合，如何在不同的方案之间进行取舍，并根据客观情况的变化对企业发展战略进行适时的调整。

  正如我们一再强调的那样，企业的领导者必须深入参与到三个核心流程当中，并对整个行业有着深刻的了解。在运营计划当中，领导者的主要任务应当是监督计划的实施工作。具体来说，他应该负责设定目标，将运营实施流程中的细节与人员选育流程及战略制定流程结合起来，并领导大家进行战略评估。他必须在面临很多不确定性的时候果断地做出判断和取舍，能够引导积极公开的对话以得出真相，还必须对下属进行适时的指导。同时，对他来说，这也是一个不断学习的过程，在这个过程中，他将对企业员工、他们的执行能力以及战略实施过程中可能遇到的问题产生更加深入的了解。

实际上，需要亲自参与三大核心流程的不仅是企业的领导者，所有负责执行工作的人都必须参与到这些流程当中。

拉里：一份运营计划的主要内容不应当是繁杂的统计数据，它应该体现一种责任，应该是一条将整个企业的人员选育、战略制定和运营实施流程连接起来的线，而且它通常的表现形式是分配目标和预定计划。

运营计划应当为企业的所有成员共享，因为参与到计划中的人越多——无论是应急计划还是企业为来年制订的计划，了解企业目标的人也就越多，你取得成功的概率也就越大。

* * *

这种运营实施流程与一般的预算斗争（budget struggle）之间有着天壤之别。大多数公司里的预算或运营实施流程通常存在三大缺点：首先，在进行这种流程的过程中，人们没有针对计划的前提条件进行公开讨论；其次，预算围绕的中心是公司高级管理层所希望得到的结果，但它通常并没有讨论或确定实现结果所需要的具体执行方案；最后，在进行这种流程的过程中，领导者没有机会来对员工进行指导，无法帮助他们从全局的角度来看待整个公司，从而也就无法在公司内部建立一种善于协作的社会结构。

这些运营计划通常是建立在一个事先已经准备好的预算方案上的，但真正理想的方式应该是反向的：具体的预算应该根据企业的运营计划来确定，而不是反之。

一般来说，预算只是一种数字练习（在练习过程中，人们通常会花几个月的时间来思考如何保护自己的利益，而对企业所面临的关键问题却没有给予足够的关注），它们与现实的执行并没有太大关系。在这种练习的过程中，人们制定的财务目标通常只是笼统地"超过上一年水平"，达到管理层认为证券分析师会满意的标准。人们根本没有考虑应该采取哪些具体的措施来实现这些目标。在这种情况下，没有人会竭尽全力，他们提出的目标往往低于自己的能力范围。然后他们会与老板谈条件，可能老板最终还必须做出让步。或许老板会说："不，这些是我们的目标，而你们的任务则是实现这些目标。"没有人知道应该怎样实现这些目标，但它们还是成为了公司下一个财政年度前进的方向。

这种流程会攫取整个公司的能量，而全部的流程过程也演变为一场毫无意义的游戏，而最终制定的僵硬的财务预算结果也会使公司失去很多宝贵的机遇。比如说，在第二季度的时候，你提出了一个计划，如果实施成功的话，在年底的时候，你公司的市场份额将上升两个百分点。为了完成这项计划，你需要进行一笔必要的投资，成功的概率是如此之大，它甚至可以使你的公司成为市场的主宰者，而且回收所有的成本也只需要一年的时间。你把这份计划呈递给你的老板，并静静地坐着，看着他读。最后，他可能会告诉你："这是一份不错的计划，鲍勃，但我们在当初制定预算的时候并没有考虑到这一点。"

这种预算方式有时会迫使人们做出错误的决策，尤其是当他们决定不惜一切代价实现目标的时候。比如说，一种普遍的做法就是在每一季度即将结束的时候将所有的库存推入销售渠道，其目的就是为了得到一个让自己满意的数字。但公司可能要在下个季度为他的这种做法付出惨重的代价，因为经理们将被迫提供很高的折扣，或者是降低生产，从而给公司的生产效率造成很大的损害。

拉姆： 在制定预算或运营计划的时候，大多数公司使用的系统都是由会计人员设计的。领导者们只是提出一些极富鼓动性的口号：我们将在今后五年内，以年 15% 的速度实现收益增长。每个人都认为这是一个伟大的目标。领导者相信，半数的增长将来自企业内部的发展，而另外一半将来自大规模的并购行为。这些目标充分显示了领导者们是多么的富有远见。CFO 们相信，企业的边际收益将会大大增加，债务额将会降低，而股票的价格也将达到目前的四倍。但如果你问这些领导者准备采取哪些具体的措施，以及实现这些目标的前提是什么的时候，他们就会哑口无言。"我们会努力的。"他们解释道。然后每个业务部门都会根据领导者的希望来制定各自的目标，彼此之间根本不会进行任何的沟通，也不会去考虑计划的可行性。

这种预算流程使得计划失去了本来的意义。在开始准备预算和获得最终批准之间（最多可长达四个月），环境或许已经发生了很大的变化，但预算所建立的前提并没有跟着变化，这就会大大降低组织对环境的适应能力，也不利于组织的各个环节之间相互协调。

我认识的一位 CEO 最近就遇到了这样的问题。他的公司拥有五个部门，该公司的股票价格在过去的五年里一直保持平稳状态——既没有升高，也没有下降。公司目前的这位 CEO 是两年前从其他公司聘请过来的，到任以后，他便致力于提高公司的生产力，但始终不能达到令人满意的水平。如果不是它的表现在不断改进，市盈率也在不断上升的话，该公司根本不可能完成许多大的并购。

为了改变这种状况，这位 CEO 推出了一份未来五年计划来提高士气。同时，为了使该计划更为丰满，他召集了公司 100 名高级管理人员举行了一次为期两天的会议，广泛征求大家的意见。会上，他要求公司所有业务部门献计献策，无论是为客户创造新的价值、开辟新的销售渠道还是争取新的客户，其目的只有一个：促进公司发展。通过这种方式，他希望能够改变整个公司的价值观念、行为方式、人员选育流程和资源分配规则。通过让各个业务部门在同样的渠道中进行销售，他对整个公司进行了水平整合。为了实现这些目标，他还制订了一份以季度为单位的运营计划。

如何三天内制定一份预算报告

对于大多数大型企业来说，制定一份预算报告大约需要数周甚至数月的时间，这是非常没有必要的，而且是一种时间上的巨大浪费。你或许已经意识到，自己完全可以（而且有必要）加快这一流程。但你相信自己能在三天时间内准备好一份预算计划吗？就我们了解的情况而言，有些公司就是这样做的。

首先，你要召集相关的部门领导，大家坐在一起，进行一次积极公开的对话，对整个公司的情况进行一番了解——包括各部门之间的关系。我们把这种方式称之为同步性原则。

几乎所有的预算报告或运营计划都是按照一定的时间顺序，以从上到下或从下到上的方式进行：目标和前提性的假设属于上层，而各部门的实际情况则属于比较细节性的下层问题。问题是，这种制定预算的方式使公司无法发挥出同步对话的力量，而恰恰是同步对话能够使相关人员相互了解，进而实现整个公司的协调。

这种对话通常是在为期三天的讨论会上进行的，参加会议的包括各主要部门的领导、他们的直接下属、部门执行人员和职能部门的工作人员。在参加会议之前，他们都对企业所处的外部环境、竞争对手的情况以及公司的财务和其他目标有了一定的了解。

会议通常只集中在少数几个问题上，但在大多数情况下，这少数几个问题的解决将对公司80%的业务产生影响。比如说，产品结构问题、运营边际成本、营销开支、制造成本、工程和研发开支等。领导者首先要求每个部门针对公司预算情况拿出自己的行动计划，然后就该部门计划的前提条件，以及该行动计划将对其他部门产生的影响等问题进行提问。比如，如果某位经理准备通过降低价格的方式来提高产品销量的话，生产部门发出一个信号：增加的成本将会是多少？工人们是否需要加班？其他部门也会提出类似的问题。

在每个人都提出了自己的意见之后，小组休会一小时，每个经理都和自己的团队讨论自己的情况。比如，制造部门团队会考虑：如果产量增加的话，单位产品的成本能够下降多少？还有多少降价空间？同时他们也会考虑其他选择：是否可以实行三班倒的制度？或者干脆把一些生产任务外包给其他公司？到哪里去采购更多的零件？

当小组会议重新开始的时候，他们将把所有的信息都输入一个统一的计算机电子表格程序当中。通过这种方式，他们很快就能对整个公司的情况产生一种全局性的认识。在制定预算的过程中，他们随时可以对某项建议的可行性及其对公司其他部门所产生的影响做出判断。然后他们会再次对所有的提议进行修改。通常情况下，经过四轮之后，这种讨论和修改便可以得出最终的结果——他们将制订出基本的预算方案和运营计划，剩下的工作将留待他们回到办公室以后去完成。

当然，如果你不能引导一场积极开放的对话，或者是无法以令人信服的方式说服人们在不同的方案之中进行选择，或者你对自己本身的能力缺乏自信的话，我们上面谈到的这种方法可能就不适合你。但如果你具备这些条件，根据这种流程制定出来的预算将使你充满自信，并能够随着外部环境的变化不断对自己的方案进行调整。每个人都理解自己在整个组织中所扮演的角色。你会发现人们能够以更快的方式对环境做出反应，并更加积极地提出新的想法，因为他们知道当前的预算计划是可以随时调整的。

同时，这一过程本身也是一种有力的建立团队的练习。

各项业务同步协调至关重要

同步协调对于执行过程和组织激励都是非常重要的。同步协调意味着组织中所有在不停变动的环节对外部环境都有着相同的假设，并对各自的行动方案有着无言的默契——左手知道右手在干些什么。同步协调还意味着将各个相互依赖的环节的目标协调起来，并将它们与整个组织的目标之间建立联系。当环境发生变化的时候，同步协调就会对各个环节的工作进行协调，并对资源进行重新分配。

比如，有这么一家汽车制造公司，它共有10个品牌，各种产品型号和颜色之间的组合大约有300万种，在全球各地拥有的工厂超过100家，有着成百上千家供应商、成千上万家交易商，以及6家广告代理。所有这些环节每天都会做出很多决策，都处于一种不断变化的状态之中。当利息率开始下降的时候，并非所有的环节都会发生相同的变化，并非所有的品牌都需要同样地扩大生产，也并非所有的交易商都会销售同样多的汽车。所以它们之间必须进行协调，只有这样才能最大限度地利用不同地理区域、不同交易商的优势。

而在一家大型公司里，这是一个非常复杂的任务。比如说，当有人决定推出一项新产品的时候，他们通常需要六个月的时间来进行组织工作。广告、促销、存货和物流（常常被外包）等各方面需要协调一致。如果外部环境中有些因素发生了变化，各个环节之间的关系也会随之发生变化。比如说，一旦需求下降，广告、促销、生产规划和库存水平等环节也必须同时进行相应的调整。但如何调整呢？哪些环节将变得更为重要，哪些环节的重要性将大大降低？在那些已经建立了执行文化的公司（比如说沃尔玛、通用电气、戴尔计算机和高露洁等公司）里，运营系统会更加灵活地对这些方面进行更为及时的协调。

"9·11"事件给整个底特律带来了严重的影响，人们对汽车的需求量大大降低。但有意思的是，这种影响几天之内就消失了。唐·扎里拉，通用汽车公司负责北美业务的副总裁，意识到公司的财务即将受到重大的影响，并据此对需求预测进行了相应的调整。现在是最佳时机。2001 年 11 月的时候，美联储继续降低利率，达到了 40 年来的最低点。消费者们手中开始掌握大量的现金，对汽车的需求量也从 1600 万辆飙升到 2100 万辆。

在这种情况下，通用汽车需要制订一个新的运营计划，对资源进行重新分配，并以此对公司各个环节进行协调。在这个过程中，决策者必须考虑以下几个问题：公司需要生产多少辆什么样的汽车？在哪些工厂里进行生产？哪些地区需要什么样的产品结构？公司应该投入多少资金用于广告，在哪里，对哪些产品进行宣传？如果生产和广告部门之间没有协调一致，所产生的后果将是非常严重的，因为这将意味着公司在销售量下降的情况下同时抬高了自己的生产成本。

但这也给通用汽车带来了巨大的机遇。在其他汽车制造商之间开始进行快速联合的同时，通用汽车公司凭借其快速反应能力在市场上重新占领了巨大的份额。该公司之所以会对这次机遇充满信心，是因为他们相信，公司当前所采取的并非临时性的应急措施，而是要抓住机遇，一举扭转自己30年来所遇到的市场份额下滑的局面。很快地，成本的削减大大提高了公司的生产力水平。公司副主席鲍勃·路兹是一位著名的汽车专家，他马上对公司当年的广告和来年的汽车生产做出了决策。因为通用汽车公司坚信，当前的市场形势和员工士气状态将足以保证自己的成功。

合理的假设：设定基于现实的、可实现的目标

在制定预算的时候要以现实为依据，只有通过这种方式，一份运营计划才会触及执行过程中的关键问题。资本市场到底需要什么，你对当前的商业环境所做出的假设是怎样的？如果一切顺利的话，你将准备如何最大限度地利用当前的机遇？如果出现意外的话，你又将采取怎样的行动来避免可能出现的后果？

你的企业领导对这些情况的理解程度如何，他们在利用这些变化的过程中表现出了怎样的想象力？他们在积极开放的对话的

过程中表现如何？在针对环境变化及时采取行动的问题上，他们表现出了多大的灵活度？

＊　＊　＊

对前提的讨论始终是运营方案评估过程中最关键的部分——不仅是对那些与企业环境紧密相关的大环境，还包括对那些非常具体的小环境的假设，但这也是一般的预算评估过程中最容易被忽视的环节。如果不了解这些预算方案背后的假设前提，你将无法为自己的企业确立符合实际的目标。

在对预算和运营计划进行讨论的过程中，各部门之间会不可避免地出现很多利益上的冲突。在对假设前提进行讨论的时候，人们总是倾向于从自己部门的角度观察问题。比如，生产部门的人员更愿意把成本降到最低，因为这样就可以使他们在现有的生产力水平条件下生产出更多的产品。销售部门的领导也愿意拥有更多的产品，因为这样他们就可以在货架上摆放更多，从而卖出产品的机会也就更大。在这种情况下，他们就更容易对那些不符合自己意愿的前提条件提出质疑。

另一方面，财务部门的工作人员会说："等一下，照目前的经济形势看来，你的提议是没有道理的，因为这样只会大大增加我们的库存水平，并进一步影响到我们的现金流量，然后我们就不得不对自己的产品进行打折，并且投入大量的促销经费。这是一种巨大的浪费。"

在一般的预算评估会议上，大家都会根据自己的假设进行推理，并最终在各部门之间达成妥协。但从一位领导者的角度来说，你的真正目的是让大家公开所有的前提假设，要求每个人都在座，并由领导者提出一些比较尖锐的问题，然后大家一起对这些前提条件的真实性进行论证——取证的对象可以是客户，也可以是供应商或其他来源。在得到这些信息之后，领导小组就可以根据现实情况进行权衡，这也正是运营计划评估的真正意义所在。

针对前提假设进行讨论以及小组中的权衡取舍是社会软件的一个重要组成部分，它可以提高所有相关人员的组织领导能力。在大家逐渐了解公司所面临的内部和外部环境的过程中，他们协调执行的能力也得到了磨炼和提高。而且在这个过程中，他们也公开做出了许多承诺。

拉里：在进行实际的财务数据分析之前，你应该考虑到前提的正确性。作为一名领导，你必须确保人们已经对计划中的所有环节有了详细的了解。你需要确认那些可能给你带来麻烦的前提条件，因为其他人可能发现不了。当你发现一份计划中包含漏洞的时候，你不能袖手旁观，坐在那里等着问题出现，然后说："我早知道你会出问题。"相反，你应该竭尽所能帮助他们。

比如，如果我看到一位下属在计划中认为自己的部门会在第四季度实现重大的销售突破，我就会问他："为什么？是什么使你相信第四季度会出现这种情况？我不希望看到你为自己设立一些不大符合实际的目标。不错，你应该更有抱负，但前提是你的计划应该是可以实现的。"

你需要一系列假设——有些是负面的，有些是正面的。比如，假设工会准备和你就劳工问题进行谈判，如果他们的表现相当恶劣，你就应该及早准备库存，以防工人罢工。或者，如果你的研究经费比预想的少了 500 万美元，在这种情况下，你会采取什么措施？你准备从哪里搞到这 500 万美元？或者，如果你的销售量增加了一倍，你准备怎么办？你将如何与生产部门进行协调？如果由于估计不准确，在生产过程中，你的零件得不到及时补充怎么办？

当然，对于这些问题的讨论也不宜过早进行，但你的确应该尽早制订出一份运营计划。许多人容易犯的一个错误就是，他们常常过早地把数字拼凑到一起。我希望自己的下属能够尽早地开始考虑问题，但不希望他们过早考虑详细的数据。先想想，公司的销售情况和每个部门的收益情况将会是怎样的（因为这往往是制定数据目标的前提和基础），但一定要记住，确立具体的数据目标将是很久以后的事情。在对所有这些环节考虑完成之前，你在大脑中构想的方案不应当过于详细。事实上，如果在 8 月开始考虑一项计划的话，最终的计划通常是在 11 月才完成。

* * *

我们在这里讨论的前提假设可以包含很多内容——实际上，任何可能对你的企业构成影响的因素都需要一定的前提条件。

首先，也是最重要的：我们的客户对象是谁？他的购买习惯是怎样的？客户对我们的产品需求期是多长？当前的竞争形势如何？我们向客户提供的价值有多大程度的可替代性？

如果你的公司是一家工业公司，你就需要考虑这样一些问题：我们客户的客户是哪些人？或者，我们客户的客户的客户是哪些人？因为是他们真正影响了你的直接客户对你的产品的需求量。许多人只是把目光集中在了自己的直接客户身上，而忽视了对终端客户的关注，这其实是一种非常短视的做法。

拉姆：电信泡沫破灭之后，思科系统公司就没能及时转型。当该公司最终完成了调整之后，它的大多数供应商都由于库存过多而陷入困境，但奥尔良地区的一家小型供应商却避免了这场灾难。早在思科系统公司宣布削减原料需求之前，该公司CEO就要求自己的董事会成员了解思科系统的客户情况（如Verizon、美国电话电报公司和英国电信）。他还观察了这些公司的最大客户如通用汽车和美国运通的情况。在收集了所有相关信息之后，他认为思科系统的乐观是盲目的。由此，他做出决定，提前关闭自己的一家工厂，并以此保持了产品的流动性。

* * *

你的竞争对手会对你的行动做出怎样的反应？他们是否会改变自己的定价策略？你对他们即将推出的新产品了解多少？他们当中是否有人会突然发起一轮产品攻势，并以此侵占你原有的市场空间？

你的供应商呢？他们是否能够及时（在价格适当的情况下）向你提供所有必需的原料？如果他们在其他国家的话，汇率的变化将对你的成本产生怎样的影响？

你的分销渠道呢？他们的销售和运输能力如何？他们的财务状况是否健康？你是否已经拥有了最优秀的分销渠道，或者正在寻找更加优秀的销售渠道——比如说通过互联网？如果你的竞争对手和你争夺分销渠道的话，你会采取什么应对措施？

经济形势如何？你的市场空间将发生怎样的变化？你所服务的地区的经济形势如何？

"9·11"事件之后，世界各地的公司都纷纷开始重新制定预算和战略计划。霍尼韦尔的高层管理人员开始对自己的运营计划进行修改（拉里下面将谈到这一点）。其中有些措施是非常简单的，但有一些方法也是传统的非执行型公司在制定预算和规划流程的过程中所不曾使用到的。

拉里：我们当时正在制订2002年的运营计划草案，而且已经对一些前提假设进行了讨论。根据当时的情况，在"9·11"事件还没有发生的时候，我们就已经预料到航空工业将出现疲软的局面，所以我们准备通过裁员的方式来降低成本。

"9·11"事件之后，航空公司突然陷入危机，仅第四季度的损失就高达40亿美元。由于当时大批乘客纷纷要求退还票款，所以人们甚至开始怀疑航空工业会陷入全面破产的境地。另外，政府也开始提供一些补助性措施，但当时我们并不知道具体的金额会有多少。与此同时，航空公司宣称自己2002年的客运量大约只能达到原计划的80%，零件供应行业（也是航空工业中利润最为丰厚的行业）突然停业，因为航空业已经开始停止订货。

当时摆在我们面前的问题是，如何对2001年第四季度和2002

年的情况做出符合实际的评估。为此，我们收集了大量信息，打了很多电话，并最终得出结论，我们的销售额损失大约为12亿美元——其中大部分都是在配件市场。国防部方面的订单最早也要到2002年下半年才能恢复，因为在军队当中，做出采购的决定和实际的采购行为之间总是会有一定的时间差距。

我们认为商用航空领域会在来年早些时候有一个大的飞跃，因为届时它们的飞行领域限制将被大大放宽。随着商用喷气式飞机的使用正在变得越来越不方便，我们相信将有越来越多的人选择购买自己的飞机或者是通过分段使用的方式和别人一起购买喷气式飞机，所以我们就减小了商用和航空市场配件部门的削减幅度。

在对所有这些因素综合考虑了之后，我们估计自己的收益下降幅度大约为5亿美元。然后我们讨论如何将公司的运营成本减少5亿美元。鉴于目前的商业环境，希望实现更多的增长显然是不切实际的，所以我们把收益目标定为2000年的水平。

针对当前销售额下降的形势，我要求相关部门人员拿出一份详细的计划来降低公司运营成本。一旦大家就此项计划达成共识，我们就将其均摊到四个季度当中。当时有许多人都认为，由于"9·11"事件的影响，公司在2001年第四季度、2002年第一季度和第二季度前半期的盈利情况都会受到影响，第二季度后半期的时候，情况可能发生较大变化，因为经济恢复水平在此时可能会呈现出加速度的趋势，但我们并没有把这个因素考虑在计划当中。毕竟，在制订计划的时候，我们还是应该从最坏的情况打算。

与此同时，航空公司开始要求延期付款，而我们又必须对它们的要求做出反应。所以我们要求我们的供应商也能够延长我们的支付期限——通常情况下，我们不会轻易借贷。

经济的疲软会给大多数公司带来不利的影响，对于我们来说，情况也是如此。销售情况会怎样呢？我们的边际损失将会怎样？有些部门有自己的利润增长目标，那么他们实现这些目标的代价是怎样的呢？如果想在当前这种经济形势下对销售人员做出较大激励的话，我们应该采取什么措施呢？怎样提高公司目前的生产力水平呢？数字化程序是否能够在提高生产力水平方面达到预期的效果？

另外，虽然经济形势不景气，但公司有一些领域还是相当有希望的。我将在下面比较详细地讨论一个例子。这是一种汽车产品，它在全球都有着很大的增长潜力。

在对该种汽车产品的经济前景进行分析的时候，我们主要关注了四个领域。第一，我们关注了当前的立法形势，因为不同的市场对排放量控制有着不同的要求，所以我们要考虑这样一个问题：哪些地区的立法会对汽车排放量提出更高的要求？第二，我们关注了宏观经济环境或世界范围内的 GDP 增长情况。第三，我们关注了不同地理区域的汽车工业发展的潜在环境。第四，我们对世界主要的汽车市场（欧洲、美国和亚洲）进行了具体的分析，因为不同的市场通常会有不同的产品需求。我们的产品还会影响燃油效率，所以我们对主要市场的不同国家在这方面的要求也进行了了解。在分析的过程中，虽然我不会对这些假设进行详细的了解，但我还是会对所有这些情况进行一番综合考虑，并最终对该产品的市场潜力得出一个比较符合实际的评估。

比如，高速的经济发展速度、日趋严格的排放量控制标准，再加上对小型机动车辆需求的不断增加，这一切都使得中国成为一个具有高度增长潜力的市场。欧洲市场有着良好的经济基础，但我们所处的市场空间却一直处于平稳状态。

虽然我们已经在北美占有了 14% 的市场份额，但该市场还是存在着巨大的潜力，如果能够引入新技术的话，这一市场的增长潜力还是十分诱人的。

我们还对商用机动车辆客户的合并潮流进行了深入的分析。我们对 2001 年这些客户带给我们的收入情况进行了估计，并对那些能够影响它们的主要情况进行了估计。根据我们的估计，在未来一段时间内，将有两家主要的竞争对手和我们同时竞争一家主要客户。我们还对公司产品的增长潜力、产品项目启动情况以及整个客户基础对我们产品的兴趣变化进行了分析。

制订运营实施计划

一旦确定了前提条件的可信度之后，我们的下一步工作就是制订运营实施计划。这项工作共分三步，第一步就是确定目标。第二步是制订行动计划，其中包括在短期任务和长期目标之间把握好平衡。我们还要确定出那些人们能够制订出应急方案的领域。第三步我们将和所有的与会人员一起就会议讨论结果达成共识，并建立详细的跟进措施以确保每个人都能完成自己的任务。

在制订运营实施计划的时候，第一步就是要确立各方面的目标：收入、现金流、生产力水平、市场份额等（见表9-1）。对于不同的企业部门来说，这些目标的具体内容可能千差万别，但真正重要的是，他们必须用一页纸的篇幅按照由外到内、由上到下的顺序总结出自己的主要措施。所谓"由外到内"是指，这些数字必须反映公司所面临的经济和竞争环境，它们所传达的信息必须使投资者相信：购买这家公司的股票是值得的。所谓"从上到下"是指，在确定目标的时候应该采取先整体后局部的顺序——也就是说，首先要考虑整个企业的情况，然后再把任务具体到各个环节。在实际的运营实施过程中，有很多企业采取的都是相反的顺序，它们先让各个部门分别制订出自己的计划，然后再简单地把这些计划拼凑到一起，这就造成了大量的无用劳动，因为在各部门进行协商的过程中，原先拟订的许多数字都必须重新修正。

表 9-1　财务总结

	2002 年	2003 年	2004 年
收入			
SG&A（销售的百分比）[①]			
RD&E（销售的百分比）[②]			
运营边际利润（收入）			
现金流			
生产力水平			
资本支出			
ROI（投资回报率）			
小时工资标准			

注：这张一页纸的财务总结应该包括一些运营评估报告中没有包含的信息：生产力水平、员工调查、来年将会显示出的今年的投资额。

[①] SG&A: Selling, General and Administrative expenses，销售成本、综合开销及行政费用，属于企业一般管理费用。——编者注

[②] RD&E: Research, Development and Extension，研发与拓展费用。——编者注

通常情况下，公司的财务目标是每股收益，而每股收益又和公司的收入目标（也是公司的行动计划建立的基础）有着非常直接的联系。有些人喜欢随意在去年的数字上增加几个百分点，而丝毫没有和实际的操作人员讨论可行性。这些人实际上是犯了很大的错误，因为不经过积极公开的讨论，他们就不可能真正了解很多非常重要的因素——定价策略、客户结构、产品和销售渠道结构、广告和促销、产品和服务质量及数量、经济形势预测、竞争形势以及竞争对手可能做出的反应，等等。

更为重要的是，讨论的话题还将包括毛利的问题。太多的领导者在谋求增加收入的同时没有注意到提高或保护自己公司的毛利，而毛利实际上正是公司所有开支的基础。所有的东西都来自毛利，如果不能在增加收入的同时增加毛利的话，你就将不得不降低成本。

拉姆： 一家市值 100 亿美元的公司一度是其所在行业中的顶级巨头，但早在"9·11"事件和来自亚洲的竞争对手进入其市场空间之前，它就已经表现出了衰退的迹象。根据公司财务人员的预测，公司 2002 年的收入将下降 10 亿美元，CEO 据此制订了公司的运营实施计划。但在这个过程中，他忽略了毛利润。看了他的计划书以后，一位好友向他指出公司的毛利下降的幅度甚至还要大于收入的下降幅度：由于整个行业都面临着一种价格压力，公司的毛利率将由原来的 25 个百分点下降到 20 个百分点。这位朋友建议他重新修改自己的计划：充分考虑到成本生产力改进措施可能带来的影响，将总部的工作人员数量削减为原来的一半，并把管理团队削减一层。他接受了这些建议，并于一周之内对原来的计划进行了相应的调整。

* * *

运营实施计划包括了来年所有的主要项目——营销和销售、生产、职能部门运营、资本开销等。在一家从事跨行业经营的大公司里，这些计划都是各业务部门为实现自己的目标而采取的相应措施。下面我们将谈到霍尼韦尔对"9·11"事件的应对措施，在这个过程中，我们将看到该公司是如何对一个具体的汽车产品的生产进行调整的。

拉里：在该产品业务部门经理准备的计划当中，我们看到南美和亚洲市场的增长率将达到 10 个百分点以上。然后该计划对每个地区的收入和运营毛利情况，以及实现这一目标所需要的条件进行了预期。比如说，在亚洲市场，我们充分考虑到了客户日益增强的环保意识。我们还打算在中国启动一个新的项目以培养更多新客户，并在全球范围内（以中国为低成本的供应基地）推动高科技产品的销售。

我们还准备在独立配件市场——其主要成员是那些提供替换设备的制造商——采取行动，因为我们的分析表明，这将是一个利润非常可观的行业空间，而且有着非常巨大的增长潜力。在启动新项目之前，我们会主要考虑以下几个问题：

● 保证物流供应水平，并提高产品供货的准时性。

● 每周进行一次业绩评估，进行战术行动规划。

● 调整客户订货与我方交货之间的时间间隔，以配合客户和分销商的库存战略。

我们还通过详细分析客户和产品的结构来判断公司的收入水平。在确立每个部门的收入目标和营业毛利的过程中，我们还进一步确定了哪些因素将增加（或减少）市场对我们产品的需求量。与此同时，我们还详细研究了公司产品在今后一段时期内价格上的可能变化。结果表明，由于竞争环境和其客户行业的健康程度的差异，不同市场空间和地理区域的不同部门对这些问题所给出的答案也不尽相同。

影响公司收入水平的还有其他因素。比如说，在确定霍尼韦尔 2001 年度某部门收入目标的时候，我们就考虑到了该部门所遇到的新的竞争对手以及它所在行业中新近发生的一次兼并。最终我们得出了这样的结论：该部门所带来的收入增长会被公司另外一个部门所遇到的平缓需求（尤其是在北美市场）所抵消。但从总的市场环境来看，我们也可能实现较大的增长。另外，汇率变动和价格方面的变化也会对最终的数据产生一定影响。

在确定运营毛利目标的时候，我们关注了一些主要的提议，比如说提供新的产品，因为这样我们就可以提高价格，并因此而增加毛利润。

权衡取舍的艺术

在把战略转化为具体行动的过程中，运营实施计划经常会遇到我们在第 7 章和第 8 章谈到的权衡取舍问题。有些战略很有可能会带来很高的利润，但这些战略往往需要你在当前的运营实施计划中追加很多投资。在这种情况下，企业的领导人就必须学会做出必要的权衡取舍。

企业将在哪些领域（技术、产品、客户服务或某些地理区域）进行投资？对这个问题的回答与企业中的战略对话直接相关。在实际运营实施过程中，领导者要确保战略方向具体而明晰，而且相关人员应该保证通过资源（这些资源的来源必须明确）分配的方式将这些战略转化为具体的行动。它还要保证每个人都能够承担起自己的职责，并通过评估会议的方式对大家完成任务的进度进行监督。

如果你的企业必须降低成本，经理不能单方面地削减这笔投资，因为这个决策必须在由 CEO 主持的会议上做出——因为 CEO 在企业中所扮演的通常是联系各个运营环节的重要角色。你会为哪些产品生产提供资金？或者你是否能够在寻找资源方面表现出更大的创造性，从而为企业的未来奠定基础？或许你会在自己的产品结构中添加一些利润值更高的产品，或者你可以通过其他方式来激励销售人员，从而最终增加出售的产品量。或者你打算今年关闭一家工厂，将生产基地转移到成本相对低廉的国家。你是否应该推迟一年采取行动，以免除一些短期成本？在一家消费品公司里，你是否可以冒险投资增加广告量，因为这样或许能够最终提高你的产品所占的市场份额？如果是这样的话，你准备进行更多的广告投放，还是更多使用打折的方式？

对话还将集中在主管的素质方面。当然，这也需要 CEO 的参与——他是企业人员选育流程的联结点。

源源不绝的资源是企业提高生产力水平的一个重要因素。一些像通用电气、爱默生电气和高露洁这样的公司15年（或者更多）来的每股收益一直处于增长状态，其中一个重要原因就在于这些公司每年都能保证一定的生产力提高水平。有一年，霍尼韦尔的一个资产为10亿美元的部门通过削减日常运营和管理开支的方式节省了3000万美元，然后该部门利用这笔资金，再加上它通过改进产品结构所获得的700万美元，投资开发了一些新产品。一段时间之后，这种对生产力水平的关注就为公司带来了巨大的竞争优势。

有些权衡取舍必须在公司内部不同的业务部门之间做出，而且这些也不都是简单的选择问题。你必须理解所有可能对每个部门的价值构成影响的因素。比如说，如果经济形势开始下滑的话，你准备更多地削减哪些部门的成本？虽然有时这些问题的答案可能非常简单——如果一个部门能够给公司带来更高利润的话，这个部门的成本就不应当被过多削减，但这些答案很可能是错误的。如果资本市场更加看重某个市盈率较低的行业，你就不应该过多地削减这一行业部门的开支。

运营实施流程产生的主要成果

运营实施流程的成果之一就是它能够明确具体地定义出一个组织希望实现而且能够实现的目标，因为这些目标是建立在最符合实际的前提的基础之上的，而且该组织的管理层已经对实现这些目标的方式进行了详细的讨论。

图 9-1 和图 9-2 表明了我们所讨论的商业部门的运营实施流程结果。它们明确而清晰，清楚地表明了该部门今后 12 个月内收入和运营收入的变动情况以及变动的比例。（类似地，在第 6 章所讨论的元件销售解决方案战略变换当中，会计部门经理和工程部门的工作人员在确立各自目标的时候也要相互依赖。）

除了明确清晰的目标之外，运营实施流程本身也是一个硕果累累的学习过程。参与评估工作的领导者会思考和讨论企业所有环节的工作。他们能够更好地把工作作为一个整体来看待，能够清楚地看到每一个环节在其中发挥的作用。而且在这个过程中，他们将学会如何随着环境的变化来调整资源的分配。

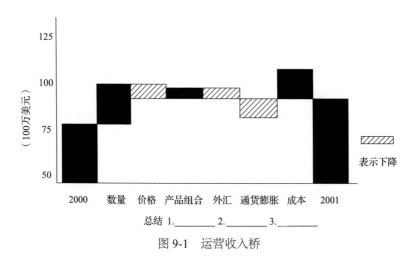

图 9-1　运营收入桥

运营实施计划评估是一个绝佳的指导时机。一份运营实施计划可能卷帙浩繁，哪些部分才是最重要的呢？它们之间的关系如何？对这些问题的回答并没有一个明确的程式，而且在我们看来，这种程式永远都不会出现。在与领导者一起讨论这些问题的过程中，人们得到了一个很好的练习权衡能力的机会，学会了如何在短期利益和长期利益之间把握好平衡。

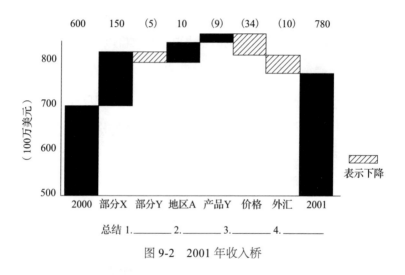

图9-2　2001年收入桥

在这种社会环境下，人们还学会了如何提出一些一针见血的问题，而领导者也可以在这个过程中更好地练习自己鼓励下属表达自己观点的能力。将所有的对话综合成一个整体，这个过程本身就是一个在公司不同部门之间建立联系的过程。不同部门的领导者可以在自己的部门中进行这种对话，从而提高整个公司的士气和工作能力——这就是一个组织的沟通氛围。

最后，运营实施流程还可以帮助你的团队建立自信。团队的每一个成员都相信自己能够完成任务，而且他们相信自己能够随着环境的变化不断调整自己的战略。事实上，他们在对话的过程中已经讨论了所有可能出现的情况。

评估会议后的持续跟进和随机应变

好的评估会议的一个重要标志就是它总是有一份详细的跟进计划。如果没有这份计划的话，与会人员很可能在会议结束之后就把会议内容抛之脑后，大家在会上所做的承诺也就成了永远无法兑现的空话。所以领导者必须确保每个人在离开会议的时候都明确了自己的责任，而且能够在今后的工作中兑现自己的承诺。

持续跟进的一个重要手段就是向每个与会人员发送一份备忘录，列出大家在会议上达成的所有细节性信息。下面的文件就是这种备忘录的样本，它是拉里在 1999 年的一次运营实施计划评估会议之后发送给联信公司各部门人员的。按照当时的情况，公司的销售部门一直都表现不错，而且正在向着更好的方向发展，所以当时的主要问题就集中在了如何提高毛利润上面。

1999 年 11 月 25 日

收件人：X 小组领导

发信人：拉里·博西迪

感谢你们对 1998 年年度运营计划（annual operating plan, AOP）所做的评估和总结。下面是我们在这次会议上所达成的一些结论。

- 1999 年的经济形势将面临更多的不确定性，所以你部门在制订计划的时候一定要具有很大的灵活性。

- 由于经济形势非常不稳定，所以我们需要在生产力水平方面实现更大的改进，从而确保实现来年目标。

- 拿出一些切实的方案来降低你的成本结构。我希望知道你们具体会采取哪些措施、需要多少成本，以及你们的这些措施将对 1999 年 AOP 的财务数据产生哪些影响。

- 质量问题一直都是一个让人头疼的问题。一定要常抓不懈。一定要注意处理与客户 X 的关系。一定要采取措施，要让 X 相信我们非常重视它所提出的意见。解决这个问题的一个重要步骤就是要进一步减少我们的供应商数量。

- 你们在处理过期货运方面取得了不容忽视的成就，但问题还是没有得到彻底解决，所以你们还有很大的努力空间。

- 供应链是我们最重要的努力方向。在解决这个问题的时候一定要考虑到全局。确保在第四季度的时候这一问题能够得到彻底解决。

- 我们曾经进行了 3600 万美元的价格削减，现在我们应该找出一些比较有创造性的途径来减少这次降价所产生的影响。

- 你们的成本还有很大的削减空间。在成本问题上，降低一个点就可以使你们由不舒服的处境转到比较舒服的处境。

部门 A

- 你需要就质量问题采取措施。30% 的客户回头率实在不是很高。我建议你们投入更多的资源来解决这一问题。

- 配件市场的价格上升似乎并没有给我们带来什么收益。为什么呢？如果是成本方面有问题的话，赶快拿出方案来解决它。

- 确保我们已经制订了一份计划来提高维修业务的边际利润，尤其是在商用推进器产品方面的维修业务。

- 我们需要在 Z 产品系列上下更大功夫。

- 如果说你的担忧不无道理的话，我们就应该制订出一份应急计划来解决成本问题。

制造部门的运营

- 在正常的经济形势下，你的原料计划肯定能行得通，但由于当前正处于通货紧缩状态，所以我们将需要更多原料。和执行官 A 一起讨论一下，看看应对你们的计划做出哪些修改。你们正面临着很多机遇，我希望你们在确立目标的时候能够更大胆、更积极一些。

- 你们的库存目标过于保守了。和执行官 A 和 B 一起讨论一下，看看是否能够提高库存量。记住，当你们还不能加快交货速度的时候，千万不要盲目减少库存量。当然，在 Q4 方面进行适当的削减是必要的，因为它将是你实现现金流目标的保证。

- 我希望你们给予六西格玛项目以更多的关注。

- 我们已经成功地提高了 B 产品系列的生产力水平，但为此我们损失了大量的营运资金。想一想，我们是否能够在提高该产品系列生产力水平的同时尽可能地减少资本投入呢？

1999 年 AOP 目标

下面是更改后的工作目标（根据与你的计划提交相一致的假设条件）：

总体上来说，你们上周的 AOP 演示棒极了。很明显，制造部门 A 对自己的业务有了很好的了解。非常感谢你和你的团队为完成任务所做的努力。我们将于 12 月 9 日继续讨论实施计划的细节内容，以及我们的部门 D、E 和 F 的替代方案。

* * *

下面两个部分是应急计划和季度评估。

应急计划

执行型公司总是会在形势发生变化的时候尽快制订出应急计划——霍尼韦尔在"9·11"事件之后的表现就是一个很好的例子。当 1997 年亚洲金融危机爆发的时候，联信公司和通用电气都在六个星期之内拿出了自己的应急计划，并重新修改了自己的预算方案。之所以能够这样，是因为他们事先就对可能出现的情况进行了考虑，而且他们都有着多年的应付紧急情况的实践经验。

拉里：运营计划完成之后，领导者就会对那些最可能发生变化的前提条件进行更深入的思考，并根据这些条件可能的变化方向制订出相应的应急方案。比如说，我们会计算，如果某个部门的增长率比预定计划低了10个百分点，我们就将遭受 X 的收入损失和 Y 的边际收益，所以我们会事先考虑好如何通过成本削减等措施来弥补差距。当然，在制订应急方案的时候我们不会过于深入细节，但我们的组织必须具有很强的适应性。他们知道自己应该在什么时候采取什么措施来应对可能的变化。

季度评估

季度评估帮助我们时刻保持计划的更新，还可以促进整个组织的协调工作。它还可以使领导者对各部门的工作完成情况有详细的了解。

拉里：每次视察一个业务部门的时候，我总是会带着人力资源部门的人员，尤其是当我对该部门非常不熟悉，或者是我们正准备开始制订一份新的业务方案的时候，我会和该部门的总经理以及它的人力资源部门人员对人才培养和组织开发计划进行详细的讨论。我还会试图告诉大家，当前的公司战略是明智的，而且正在被转化为公司的业务计划，然后我们会对计划进行评估——评估的标准主要包括近期销售额、市场增长情况、外部因素、边际收益、开支水平等。在进行这项工作的时候，我喜欢有尽可能多的人一起参加，因为这样我就可以听到尽可能多的意见。我发现，越是优秀的人，就越喜欢这种评估活动。后来，我逐渐把这种评估会议发展成为一项公开的论坛，我会要求更多的人参加，在会上宣布公司的计划，并接受大家的提问。在乘飞机回总部的路上，我会就我们在季度评估会议上达成的共识进行总结。

评估本身提供了一个衡量该部门总经理第一季度任务完成情况的基础。通过评估，我可能意识到我们需要对原计划进行一些调整。可能他会对我说："现在正处于淡季，所以我们第一季度的销售指标没有完成。"我会告诉他："等一下，按照你的说法，去年的第一季度也应该是淡季。今年在确定指标的时候，你为什么没有考虑到这一因素呢？"或许他会说："我们可以在第二季度弥补第一季度没有完成任务所带来的损失。我相信，到第二季度后期或第三季度的时候，情况就会得到彻底扭转。"在这种情况下，我会告诉他："如果你没有呢？这也就意味着我只有到第四季度的时候才能采取补救措施了。我可不喜欢这样。现在让我们假设你不能完成预定的销售任务，我们应该采取哪些措施呢？当然，如果你能完成任务的话，那就太好了，但我们现在必须做最坏的打算。"这种情况不只发生在销售领域，其他方面也是一样。如果有人说："我们在第一季度的表现并不令人满意，但我们相信，第二季度的情况会发生变化的。"这时我就会告诉他，"好吧，如果你的假设没有成为现实怎么办？所以我希望你现在就行动起来。"

我的目的是希望他能够立即采取行动，以确保年底的时候，所有的计划目标都能得到实现。我会详细检查他们部门第一季度的运营情况，看看这些部门经理对本部门的情况了解多少，以及他们准备采取什么措施来改变当前的局面。在这个过程中，我的主要目的是希望他们能够及早采取措施。

我会告诉他们："我们现在讨论的是运营计划，讨论的基础必须是现实情况，而不是希望，更不是梦想。千万别告诉我你'希望到下个季度的时候情况会好转'，我只知道第一季度的现实并不令人满意，这是我们下面一切讨论的基础，这也是我们制订所有行动计划的基础。"

比如说，根据我们的预测，某个部门将在第二季度结束的时候遇到现金方面的问题，我可能就会现在做好准备。我会告诉大家："好吧，我们准备在你的运营实施计划中投入 5000 万美元作为资本支出，但为了保持现金流的稳定，我希望将这一数字减少为 4500 万美元，所以现在你们必须告诉我哪些项目是对公司最有益的。如果我们能够在下一季度后期回到原定计划的轨道上来，我们就会重新启用原来的计划。"

当然，我并不是说你要参与到公司每个计划的制订和修改当中去——事实上，这是不可能的。但在实际的运营实施中，你会发现很多部门的运营环境都与我们当初制订计划时所假定的环境有很大区别。

让业绩目标落到实处

正如我们前面所讨论的那样，传统的预算流程存在的一个主要问题是：那些与现实脱节的业绩目标对执行者来说是毫无意义的。而对于一家执行型企业来说，他们可以通过运营实施流程来解决这个问题，因为在这个过程中，执行者本身就参与到了目标的制定过程当中，而且由于目标与这些执行者所取得的回报直接联系起来，所以他们具有很强的参与意识，而这种参与意识正是他们责任感的基础。

拉里：比如我们现在正在为一家公司制订一项运营计划，为了达到华尔街的期望，该公司必须在现有基础上增加5000万美元的利润额。我会告诉他们："我们认为这是非常现实的目标，我们给予人们的期望就是如此，所以现在我们一定不能让人们失望。可问题是，你给自己设立的目标和我们的期望值之间存在着一定的差距。"

我不能只是给他们一些根本无法实现的数据作为目标，因为这根本没有任何意义。我们需要做的是坐下来，讨论一个解决方案来弥补这个差距。我会说："我们准备采取哪些措施来弥补这个差距呢？我们必须把整个组织的医疗保健成本维持在一个固定的水平，因为它能为我们带来每股2美分的收益。我有一些主意，但目前我还没有考虑成熟。"

然后我们就如何弥补差距的问题展开激烈的讨论。这种讨论越激烈越好，因为只有当每个人都把自己所可能遇到的困难列举出来的时候，我们才不会遇到有人无法兑现承诺的尴尬处境。我曾经遇到过许多这样的执行官，他们总是会告诉自己的下属："你知道，我从一开始就知道你根本无法实现目标。"这时候我就会告诉他们："为什么你不马上告诉他们呢？我不希望你们把问题留到以后。当然，我希望你们能够拿出一些更加激动人心的目标，但前提是你必须保证这些目标具有可行性。"

解决这种问题的一个方法就是：给某个人一个数据指标，然后让他进行一次预算评估。他会说："你知道，我确信这个目标的90%是一定可以完成的。我不知道应该如何完成其他的10%——至少目前看不出来。但我现在有一些不大成熟的想法，所以我准备接受这个任务。然后我会在第一季度结束的时候告诉你我们是否能完成目标，因为如果我到那个时候还没有拿出非常有把握的方案的话，这个目标肯定就实现不了了。"

我会告诉他："我现在就可以给你提供一些建议。我看过你的计划，如果能够把自己的生产力水平提高一个点，你们就可以完成目标了。或者可以把价格提高一个半点，这样也可以保证你们能完成目标。但我不希望等到第一季度结束的时候才知道答案。或许你到那时就会有更好的办法，但我希望你现在就给出一个明确的答复。"

比如，去年有一位经理组织了一次专业销售培训项目，结果大大提高了我们的销售额。在另外一个市场空间里，我们冒险将价格提高了半个点。我们还在六西格玛方面进行了努力，从而进一步降低了成本。所有这些成果都是通过对话产生的，它们并不是来自我的建议或命令。

另外，有时你必须对下属施加一些压力。比如说，当有人显然无法完成任务，而且也没有任何令人信服的理由时，我就会告诉他，"我们该怎么办呢？我必须在这一季度结束的时候向华尔街汇报情况，而且我必须承担起自己的责任。或许我可以在会见媒体的时候带着你，这样我就可以告诉他们，'一切情况都要归咎于这个家伙'。显然，我不能这样做。所以我想，不如给你1.5万份股票期权，而且你将成为 401（K）成员。你的团队成员也会得到相同的待遇。这样的话，如果我们公司的股票下跌，你们的利益就会受到直接影响。"

这就是我的方法：如果你没有实现自己的目标，没有兑现你当初所做的承诺，你就会成为第一个受害者。通常情况下，处于这种处境的人都会竭尽全力完成任务的。

＊　＊　＊

这种评估流程还可以让你不致确立一些不切实际的目标。当然，很多领导都喜欢确立一些超出企业当前水平的目标，因为他们相信这是敦促下属竭尽全力的最有效方法。但问题是，很多领导者不知道应该如何具体利用这种目标。

拉姆：在确立这种超出组织当前水平的目标时，里面总是会包含一些吹牛的成分。这种目标是非常有用的，但如果你只是武断地下达命令的话，这种目标就会成为驱赶人们的棍棒。事实上，这种目标通常有两个目的。第一，它可以迫使你换一种方式思考问题；第二，它可以帮助你在执行的时候做得更好。

比如说，山姆·沃尔顿有这样一句名言："降低价格、降低价格、再降低价格。"他成功了。亨利·福特在 20 世纪 20 年代早期的时候做到了这一点，松下幸之助在日本实现了这一目标，宜家家居的英格华·凯姆普拉德在瑞典也做到了这一点——他们都成功了。

为了不断降低价格，山姆·沃尔顿不得不找出一些西尔斯和凯玛特没有想到的方案，比如说和供应商通过在线方式传递信息，这样就可以大大降低交易过程中的浪费现象。如果能把这种思考问题的方法贯穿到整个企业的日常运营当中去，价格自然就降了下来。

在确立这种目标的时候，关键是要明确你所确立的目标具有多大的可行性，我可以提供一种方法。通常情况下，对于任何一项计划来说，影响它的前提性因素都不会超过六个。在进行讨论的时候，你一定要找出这些因素，然后你就可以说："如果所有这些条件都满足的话，我们就一定能实现目标。否则的话，我们就可能无法完成任务。"

拉里：每个人都希望在当前的基础上更进一步，但这一步究竟有多大呢？你不能只是给别人一个数字，然后告诉他，"看，这是你下半年的任务指标"。我总是希望知道别人准备采取什么方式来完成任务。第一，也是最为重要的，我需要知道你明白自己的任务。第二，我要让你知道，这个计划是可以完成的，而且我知道这一点，所以如果你需要的话，我可以为你提供更多的资源。第三，由于事先已经考虑到你可能需要一些建议，所以我已经对这个问题进行了充分的考虑。

这种方法通常都行得通。是的，我们所设定的目标要稍微高出人们的预想，但如果他们认为这个目标是可能实现的话，他们还是会接受这个任务的。当然，如果市场情况有变，或者我们当初的假设有并不太符合实际的话，他们就可能无法完成任务。但如果他们的确尽了最大努力的话，我们还是会给一定奖励的。同样，当情况出现有利的变化时，我们也希望执行者能够给出超出预期目标的结果，如果他们没有的话，我未必会因为他们完成了任务而对其大加赞赏。

＊　＊　＊

综上所述，一个企业运营的核心就在于人员选育、战略制定和运营实施这三个环节之间的相互配合，所以领导者需要在了解这三个环节的同时能够将其作为一个整体加以把握。它们是向执行型企业转变的基础，在构思和执行一项战略的时候也发挥着核心的作用。事实上，对这三个环节的把握水平正是成功者和失败者之间的差别所在。

执行的学问正是建立在这三个核心流程之上，它也是通过多年实践经验而总结出来的新兴的领导和组织理论。我们希望这种理论会给你带来帮助，从根本上改变你的工作方式。

致新领导的信

亲爱的简：

祝贺你得到提升！我们都为你感到高兴。我们知道，能够在更高的层次上施展领导才华一定让你兴奋不已。而我们也想拿出一些信息来与你分享，希望能够对你迎接新的挑战有所帮助。

让我们先说说这个工作要求你具有哪些能力，以及它们跟你现在已经掌握的技能有什么不同。我们相信你完全有勇气面对这样的自我评估。如果你在某个领域里经验不足的话（你也知道，有些公司领导者在他们职业生涯的某些阶段的确存在这个问题），那么请放心，这里有很多经验丰富的人愿意为你效力。总体来讲，你需要建立一支团队，使其中具备各种不同类型的人才，以增加你成功的把握。

你对你领导的公司了解多少？最好的办法是深入正在进行实际工作的人们中间，跟公司里各个阶层的人聊天，向他们提问题，倾听他们的回答。你将从中了解到很多关于公司业务的真实情况，同时也可以建立起与员工的良好联系，而这正是一个成功的领导者最重要的标志。

尽早了解你手下雇员的信念和做事风格。你现在的成就跟你个人的工作作风也是密切相关的。简，你一直坚持开放式的思维，对不同于你的观点采取开明的态度，而且你总是能够让谈话进行得开诚布公，引导人们讲出真实的情况。此外，你一直把切实地完成工作放在首位，有效地把一些具有不同才能的最优秀的人才吸引到你身边。

你在新的职位上是否能找到一些与你见解一致的人？公司的文化是否鼓励人们按照各自的工作表现来争取承认和嘉奖？人们是否愿意面对现实，并能一起进行建设性的讨论？或者，公司里是不是充满了政客式的钩心斗角和互相拆台？如果情况真是这样，那么你就得立刻开始设法改变这种公司文化，这样才能将整个公司真正置于你的领导之下，而这也是你保持骄人业绩的关键所在。

上面所说的三项核心工作在你的个人领导中是至关重要的。它们是公司生存的灵魂和动力，也是你借以改变公司文化的杠杆。实干的公司和其他公司的最大区别就在于公司领导者是否以最大的决心和热情去完成这三项工作。你会发现自己的日程被许多人瓜分，社区领导、政府官员、供应商，还有各式各样的大小会议都需要占用你的时间。但是，无论你有多少事情要忙，这三项工作都应该排在你日程的首要位置。

我们知道，你完全理解人才是公司最重要的资源，但是在未来的实际工作里，你会发现这个信念将受到现实的挑战。切记把人力资源管理放在公司事务的首位。你的成就将取决于你拥有多少一流的人才，以及你是否能够让他们在一起进行良好的合作。你至少应该对公司中最好的 1/3 的人才有相当深刻的了解，知道他们目前的工作表现和未来的发展潜力。你需要确保各种评估意见都是诚实而直接的，为你的人提供他们发展所必需的意见和培训。此外，既然回报才是提高工作业绩的最终动力，你就必须确保你所制定的奖励体系能够让表现出色的人得到满意的回报。

我们建议你将竞争对手作为参照，来评价自己员工的表现，看一看自己公司制定的业绩标准是否够高，自己的员工是否具备长期保持优胜所必需的纪律性。

要想为自己和公司取得成功，确定发展战略也是非常关键的。战略究竟是根据公司领导者的意愿制定的，还是有其自身独立的模式？这些发展战略中的信息是否正确，能否准确地反映出你公司在同行业竞争中所处的位置？发展战略是否包含了足够的细节，以便让你的员工明确地了解通过执行该战略，公司最终将取得哪些成就和发展？在这些发展战略的关键问题上，你决不可以满足于含糊其辞的口号，而必须制订出具体的项目计划。计划中是否明确指出了公司目前面临的问题？你的新团队在过去是否有着克服种种困难的良好记录？正如你所知的，如果不能明确定义、讨论和解决公司发展中最核心的问题，公司就只能停滞不前。此外，现有的资源是根据项目的机会和成功概率进行了有机的配置，还是平均分配给了所有的项目，最后导致每个项目都陷入资源不足的困境？具体的发展战略是否简单明确，易于理解？记住，你需要让公司里的所有员工都全面正确地领会公司的发展战略。

你肯定能得到一份公司预算，但你是否知道关于这些预算的具体行动计划？我们看到过许多耗费了大量心血制作出来的预算报告，虽然看上去很专业，但跟实际的公司经营活动毫无关系。一个年度经营计划就是一个取得业绩的模板。它以公司发展计划和人力资源管理作为纽带，将公司中的各个部门联系在一起，使它们同时运营，彼此协调。它会在业绩和回报之间建立起明确的关系，从而确定团队的责任，使领导者得以运用所有的纪律和想象力来应对一切未知的情况。

简，我们认为有一点必须多次强调，那就是你应该身体力行地去完成那三项核心工作。从每项工作的开始，直到后期的评估和后继工作，你都要一路确保那些应该进行的工作已经落到实处。只有这样，你才能了解如何在现实的基础上，将公司作为一个有机的整体来进行经营。只有这样，你才能真正获得领导公司的权威，同时最终确保这三项工作彼此联系，共同发展。

还有什么其他事情需要提醒你注意的呢？虽然值得说的有很多，不过在这里我们只特别提出三点。第一，确保你和你的员工真正理解客户，包括他们的需求、购买行为及其变化。弄明白为什么他们更喜欢你的产品，而不是其他同类产品。要知道，客户是公司成功的基础。第二，不断寻求改进自身的方法，积极引入六西格玛标准或数字化等新元素。这些创新不仅能够提高公司的生产力水平，而且可以使你的员工为了相同的事业团结起来。第三，坚持锻炼你对现实的敏感，使自己保持实事求是。你要看的是事物的本来面目，而不是你所希望的幻象。

有时候，你很难知道自己究竟干得怎么样。我们很希望你能通过对公司的观察和了解来评价自己的工作成效。除此之外，作为一个公司领导，你恐怕仍然需要一位在你公司之外的朋友。所谓旁观者清，他可以帮助你在工作中保持正确的方向。这个朋友应该具备相当的智慧，并且愿意帮助你不断自省：你是否在成长，在学习，在困难的选择面前做出了明智的决定。好好照顾你自己。这个新的工作可能会给你很大压力，你需要给自己的生活找到很好的平衡。和谐的生活是自信的表现，它同样也能感染你周围的人，使他们树立信心。

总之，简，记住你现在的领导地位是凭着你对工作的一贯执着赢得的。保持和发扬这种对工作的执着和投入。有人会在工作中成长进步，但也有人在职位上自满膨胀，只有那些对工作充满热情的人才能获得进步。他们从来不会为了端大老板的架子，而将重要的工作细节和一起工作的同事放在一边；他们从不觉得自己高高在上，无所不能。相反，他们总是乐于倾听和学习，保持着他们第一天进公司上班时的好奇心和对新奇想法的开明态度。

你恐怕会觉得我们这两个老朋友太啰唆了，但我们真的为你的进步感到高兴，我们也知道你有能力在未来取得更多更大的成就。

诚挚的，

拉里和拉姆

拉姆·查兰管理经典

书号	书名	定价
47778	引领转型	49.00
48815	开启转型	49.00
50546	求胜于未知	45.00
52444	客户说：如何真正为客户创造价值	39.00
54367	持续增长:企业持续盈利的10大法宝	45.00
54398	CEO说：人人都应该像企业家一样思考（精装版）	39.00
54400	人才管理大师：卓越领导者先培养人再考虑业绩（精装版）	49.00
54402	卓有成效的领导者：8项核心技能帮你从优秀到卓越（精装版）	49.00
54433	领导梯队：全面打造领导力驱动型公司（原书第2版）（珍藏版）	49.00
54435	高管路径：卓越领导者的成长模式（精装版）	39.00
54495	执行：如何完成任务的学问（珍藏版）	49.00
54506	游戏颠覆者：如何用创新驱动收入和利润增长（精装版）	49.00
59231	高潜：个人加速成长与组织人才培养的大师智慧	49.00